뮐러 씨, 임신했어?

매일 지옥으로 출근하는 여자들을 위한 생존 가이드

뮐러 씨,
임신했어?

마르틴 베를레 지음

장혜경 옮김

갈매나무

CONTENTS

3. 나는 회사의 꽃이 아닙니다

"내일은 예쁘게 입고 오세요. 그래야 대화가 잘 풀릴 테니까."

4. 연봉을 높이는 대화의 기술

"겸손한 것은 좋은데, 여자들은 겸손해도 너무 겸손해요."

5. 남자는 어떻게 여자에게 일을 떠넘기나

"그건 원래 여자들이 잘하잖아요."

6. 사랑과 커리어는 반대말이 아니다

"사랑하는 남자를 힘껏 돕는 것이 왜 잘못이죠?"

7. 뮐러 씨, 임신했어?

"일과 아이 중 아이를 선택하신 용기, 존경합니다."

8. 리더십에는 성별이 없다

"상사가 다 여자면 남자 직원들이 얼마나 힘들겠어요?"

잘나가던 마초 남성이
어느 날 여자가 된다면?

남성 여러분! 이런 세상이 온다면 어떨 것 같은가? 늙은 여자 사장이 아직 머리에 피도 안 마른 젊은 남자 비서에게 짧은 바지를 입혀서 커피 심부름을 시킨다면? 일은 훨씬 많이 하는데 남자라는 이유로 여자 연봉의 5분의 1밖에 못 받는다면? 면접을 보러 갔는데 면접관이 취조하는 형사처럼 목소리를 깔고 "자녀 계획 있어요?" 묻기에 그렇다고 대답했더니 바로 인상을 구기면서 서류철을 탁 닫아버린다면?

당신은 말할 것이다. 지옥문이 열릴 것이라고! 그러나 사실 지옥문은 오래전에 열렸다. 여성들은 이미 지옥에서 그런 대접을 받으며 산다. 예전에도, 지금도.

* * *

이 책은 상상으로 만든 사고실험이다. 잘나가던 마초 남성 페터 뮐러 씨가 어느 날 아침 눈을 떠보니 여자로 변해 있고, 그날부터 여자의 몸으로 직장에서 살아남기 위해 고군분투하는 이야기다. 여자가 되니 무슨 말만 하면 옆에서 남자 동료들이 말을 가로챈다. 걸핏하면 아래위로 몸을 쭉 훑고, 애인이라도 되는 듯 "자기"라고 불러댄다. 돈은 쥐꼬리만큼 주면서 차 심부름이나 복사 심부름도 아무렇지 않게 시키고, 그렇게 실컷 부려먹다가 임신을 하면 가차 없이 내쫓는다.

아마 깔깔 웃음이 터지는 장면도 더러 있을 것이다. 그러나 안타깝게도 우리의 주인공 뮐러 씨만은 웃을 수가 없다. 여자가 된 그가 직장에서 겪는 수많은 일은 커리어 코치인 내가 귀에 못이 박히도록 들어온 실제 사연들이다. 이야기의 진정성을 확보하기 위해 다양한 사실 자료도 덧붙였다. 입장을 바꿔보면 알게 된다. 만인은 평등하다. 하지만 남성은 더 평등하다.

기업에서 여성이 마음껏 리더십을 발휘할 수 있는 분야는 단 두 곳이다. 커피 머신과 식기 세척기. 아이를 낳으면 시간제 근무로 내몰리고, 아무리 높은 자리에 올라도 비서의 보필을 받지 못하며, 생일이면 남자 동료들이 받는 경제경영서 대신 미용실 쿠폰을 선물로 받는다. 이 모든 것이 현실이다.

그래서 장마다 어떻게 하면 이런 덫을 피할 수 있을지, 어떻게 하면 자신의 뜻을 관철시키고 행복을 찾을지 이런저런 조언을 실었다. 또 책의 마지막에 부록을 따로 마련해 각종 정보를 요약, 정리했다.

남자들이 아침에 눈떴을 때 여자로 변해 있을까 봐 걱정하지 않을 수 있는 직장을 만드는 것이 이 책의 목표다. 잊지 마라, 남성들이여. 이 땅의 여성들은 지금도 매일 아침 두려움을 안고 자리에서 일어난다는 것을!

"지원서에 사진이 없다면

안 붙일 만한 이유가 있는 거야."

1.
여자가 되자
인류의 채찍질이
시작됐다

"제겐 일이 전부입니다. 지원서에 썼듯이 전 독신주의자입니다."

"아, 물론, 알죠. 다만 우리 회사가 여성을 얼마나 배려하는지 알려드리고 싶어서요."

뮐러 씨는 그들의 입을 막기 위해 마지막 병기를 꺼내들었다.

"아, 물론 결혼은 생각해볼 수 있겠죠. 하지만 아이는 불가능합니다. 생물학적인 이유로 저는 임신이 불가능합니다."

인사부장이 손으로 부채질을 하며 큰소리로 외쳤다.

"아니. 그런 뜻은 아니고. 그건 사생활이니까."

당황한 그의 눈이 슬쩍 뮐러 씨의 배 쪽을 향했다.

5일 뒤에 불합격 통보가 날아왔다. 불합격은 순산이었다.

"이렇게 중요한 시기에
여자가 되다니."

어느 날 아침, 악몽을 꾸다 눈을 뜬 페터 뮐러는 여자로 변신한 자신을 발견했다. 헬스클럽에서 피땀 흘려 만든 근육은 종적이 묘연했고, 며칠째 면도를 안 한 턱이 아기 엉덩이처럼 보드라웠다. 드라이기를 대면 순식간에 마르던, 덕분에 5분은 더 잘 수 있었던 짧은 금발은 길고 구불구불한 곱슬머리로 바뀌어 있었다.

뮐러 씨는 부들부들 떨며 손을 이불 밑으로 내렸다. 역시 있어야 할 것이 없었다. 대신 운명은 그에게 그가 늘 칭찬해 마지않던 여성 몸의 온갖 특징을 선사했다. 그는 이불을 살짝 들추고 자기 몸을 훔쳐봤다. 평소 같았다면, 특히 장소가 그의 침대였다면 두 손 들고 환영했을 젊은 여성의 몸이었다. 하지만 오늘은 사정이 달랐다. 생각이 핀볼처럼 머릿속을 튀어 다녔다. 이게 뭐지? 지난밤에 무슨 일이 있었던 거지? 내가 무슨 잘못을 했기에 이런 천벌을 받은 거지?

그는 현실에서 벗어나기 위해 눈을 감았다. 하지만 머릿속 핀볼은 더 시끄러운 소리를 내며 뛰어 다녔다. 마케팅 부서의 지역 총괄 책임자 자리에 도전하려던 참이었다. 계획을 바꿔야 할까? 이러다 정말 여자들이나 하는 일을 해서 먹고살게 되는 것은 아닐까? 이빨 없는 노친네들 밥이나 떠먹여주고, 버르장머리 없는 애새끼들을 양떼처럼 몰고 다니고, 의사 선생님께서 써주신 처방전을 징징대는 환자들한테 건네며 같은 설명을 하고 또 해야만 하는 것일까? 그가 지금껏 누리던 연봉과 이 근사한 집은 어떻게 될까? 그가 복사기로 걸어가는 동안 그의 가슴과 엉덩이를 힐끔거릴 그 재수 없는 눈길들은 또 어찌 참는단 말인가?

그만! 이런 생각들은 덫에 빠졌다는 증거가 될 뿐이다. 그가 왜 복사를 한단 말인가? 복사는 비서한테 시키면 된다! 그의 나이 이제 겨우 서른다섯이다. 남자로서 한창 때다. 그는 MBA를 공부했고 마케팅 디렉터로 일했다. 6개월 전에는 사표를 던지고 친한 친구 얀과 함께 바이크로 다카르 사막 투어를 다녀왔다. 엔진이 사자처럼 울부짖고 먼지가 하늘로 치솟아 오르는, 남자들의 그 모터바이크 투어 말이다.

투어를 마치고 돌아오자마자 그는 이곳저곳을 기웃거렸다. 엘리베이터는 올라가야 제 맛인 법, 지난 회사에서의 직급보다 한 단계 높은 지역 책임자 정도는 돼야 한다고 생각했다. 그런데 이렇게 중요한 시기에 여자가 되다니! 지금보다 더 부적절한 변신의 시점은 있을 수가 없었다.

* * *

머릿속 핀볼이 뒤로, 과거로 굴러갔다. 그가 인상을 팍 쓰고 책상에 놓인 면접 서류를 살피고 있다. 그의 따가운 시선을 받은 젊은 여성이 도로 위에서 갑자기 헤드라이트 불빛을 받은 사슴처럼 어찌할 바를 모르고 쩔쩔 매고 있다. 당시 그가 가장 많이 던진 질문 중 하나는 이것이었다.

"나중에 시간제 근무로 전환할 생각이 있나요?"

그 질문의 진짜 의미는 '자녀 계획이 있느냐?'는 것이었다(대놓고 묻고 싶지만 법에 위배되기 때문에 이렇게 빙빙 돌려 물어야 한다. 짜증나는 법!). 멋도 모르고 환한 웃음을 지으며 "네."라고 대답하는 미래의 엄마는 그것으로 끝장이었다. 그 대답은 첫째, 질문의 의미를 파악하지도 못할 만큼 지능지수가 낮고, 둘째, 업무 성과를 쏟아내도 시원치 않을 판에 애나 낳겠다는 뜻이었으니까. 그는 언제나 남성을 선호했다. 자신의 부서에서 배불뚝이는 보고 싶지 않았다.

그러니 어떻게 해야 할까? 그는 운명에게 장난은 이제 그만하고 그를 남자로 되돌려 달라고 빌었다. 꼭대기 자리로 가는 길엔 넘을 수 있는 장애물도 많지만(무능하고 무식하고 사이코패스여도 되지만) 넘을 수 없는 장애물도 있다. 그가 여자라는 사실 같은 것 말이다. 학자들의 주장을 들어보면 남자 상사는 닮은꼴 지원자를 선호한다.[1] 그러니까 출세를 하려면 완벽히 남자여야 하는 것이다.

물론 그는 그런 연구 결과를 볼 때마다 말도 안 된다고 주장했다. 기저귀 갈고 다림질하는 것 말고는 할 줄 아는 게 없어서 괜히 애먼 남자들이나 걸고넘어지는 여자들의 뻔뻔한 태클이라고 주장했다. 그래서 '여성할당제'라는 말만 들어도 사막을 달리는 바이크 소리만큼 큰 소음이 그의 입에서 쏟아져 나왔다.

문제는 지금 그가 누가 봐도 여자라는 사실이었다. 그가 남자라는 것을 다른 남자들이 어떻게 알아보겠는가? 모두가 그를 다른 여자들과 똑같은 인간으로 취급하면 어떻게 할 것인가?

그는 벌떡 일어나 비틀대며(발이 너무 작아졌다) 욕실로 가 거울 앞에 섰다. 한 여자가 그를 보고 있었다. 충격으로 얼굴이 일그러지지 않았다면 상당히 예쁘장한 얼굴이었다. 한 번도 본 적 없는 여자, 키가 1미터 88센티미터이던 그보다 20센티미터 정도 줄어든 여자. 남은 과거의 흔적은 머리 색깔(금발)과 눈 색깔(파란색) 뿐이었다. 오, 제발 그의 명석한 두뇌는 그대로이기를!

뮐러 씨는 다시 침대로 기어들어가 "잘 자!" 하고 중얼거렸다. 한숨 더 자고 일어나면 모든 것이 원래대로 돌아갈 것만 같았다. 다시 일어났을 때는 남자로 돌아가 있기를 바라며 그는 잠에 빠져들었다. 꿈자리는 전보다 더 심란했다.

영원히 깨지 않는
악몽의 시작

저 멀리서 나지막하게 종소리가 울리며 그의 귀를 어루만졌다. 소리는 부풀어 오르다가 그의 머릿속으로 들어와 차분히 가라앉았다. 소리의 헬리콥터가 착륙하자 그의 침대가 진동했다. 그는 눈을 번쩍 떴다.

초인종 소리였다. 이 새벽에 누구지? 아침이 황금빛으로 방을 물들이며 그의 얼굴을 간질이고 시야를 가렸다. 아니, 시야를 가린 건 아침이 아니라 그의 금발이었다. 그는 자기 따귀를 때리듯 얼굴에 드리운 귀찮은 머리카락을 휙 치웠다. 이게 뭐야? 운명은 그의 읍소를 무시하고 그의 몸을 돌려놓지 않았다. 그는 여전히 페터가 아니었다. 그는……

더 생각하고 말고 할 시간이 없었다. 특수 기동대라도 출동을 했는지 밖에서 문을 세차게 두드리는 소리가 들렸다. 이어 수도관이 파열된 것처럼 목소리가 왈칵 쏟아졌다.

"페터, 11시야. 아직 자는 거야? 조깅하기로 했잖아. 문 열어."

가장 친한 친구 얀이다. 그는 본능적으로 이불을 끌어당겼다. 여자를 본 친구의 눈이 어떤 부분을 집중 공략할지 뻔했다. 안 된다. 이런 모습으로 친구를 만날 수는 없다. 절대 안 된다. 밀러 씨는 벌떡 일어나 비틀거리며(빌어먹을, 발이 너무 작아!) 문으로 가서 말했다.

"오늘은 못 가."

아차! 말을 하지 말았어야 했다. 그의 목소리는 어부를 유혹하는 인어 아가씨의 노랫소리처럼 낭랑하고 매혹적이었다.

"이런, 손님이 계셨네."

얀도 깜짝 놀란 모양이었다. 밀러 씨는 꼼짝도 못하고 서서 친구가 이쯤에서 그만 알아서 집으로 돌아가기를 바랐다.

"페터를 좀 불러주세요. 할 이야기가 있어요."

얀이 말했다.

"안 돼요. 지금…… 샤워 중이에요."

"그럼 기다릴게요. 근데 문 좀 열어주시면 안 돼요? 너무 추운데."

밀러 씨는 아무 대답도 못하고 서 있었다. 다시 노크 소리가 들리기 시작했다. 짧고 리드미컬한 노크 소리가 점점 더 빠르게 들려왔다. 그는 숨을 꾹 참았다. 그 순간 그는 노크 소리가 자기 몸에서 들린다는 사실을 깨달았다. 범인은 그의 심장이었다. 그의 불룩한 가슴을 폭발시키기로 작정이라도 한 듯, 그게 안 되면 귀를 통해서라도 탈출하겠다는 듯 심장이 쿵쾅쿵쾅 미쳐 날뛰었다.

"그것도 안 되겠어요. 페터가 오늘 몸이 안 좋아요."

목소리가 어찌나 가는지 미키 마우스 더빙을 해도 될 판이었다.

"어제 술 먹었어요? 그 정도는 괜찮아요. 하루 이틀 일도 아니고."

"그만 가세요. 안 가면 내가 갈 거예요. 그럼 페터가 싫어할 텐데……."

"협박처럼 들리는데요?"

뮐러 씨가 적당한 대답을 찾느라 머리를 쥐어뜯었다.

"알았어요, 알았어. 가요. 나한테 연락하라고 전해줘요."

발소리가 문에서 멀어지는가 싶더니 다시 가까워졌다.

"내 이름은 얀이에요. 얀이라고 전해줘요. 근데 우리가 아는 사이인가요? 아니면 이제부터 알아야 할 사이인가?"

여전히 안에서 아무 대답이 없자 얀은 포기하고 터덜터덜 돌아갔다.

남자와 여자는
정말 평등할까?

뮐러 씨가 옷장으로 달려가 스웨터를 꺼내 입었다. 너무 커서 낙하산으로 써도 될 것 같았다. 실내화도 너무 커서 걸을 때마다 홀러덩홀러덩 벗겨졌다. 옷이랑 신발을 새로 다 장만해야 할 것 같았다.

하지만 그보다 먼저, 운명이 계속 똥고집을 부린다면 앞으로 직업 세계에서 어떤 일들을 맞이하게 될지 알고 싶었다. 오늘 아침에는 너무 충격을 받아서 세상이 흙빛으로 보였다. 진짜로 지구는 남자들의 행성일까? 아니야. 그렇지 않을 거야. 독일은 수상도 여자잖아. 그건 남녀평등 의식이 축지법을 써서 벌써 온 나라로 퍼져나갔다는 뜻이지.

그래. 괜찮을 거야. 여자에게도 기회는 있을 거야. 뮐러 씨는 불안한 마음을 다독였다. 25년 전만 해도 '유리 천장'이니 뭐니 그딴 소리들을 해댔지만 요즘엔 여자 대표도 많고, 또 정부까지 나서서 능력 있는 여성 인재를 구한다며 여성할당제도 만들었잖아.

경영학 전공자답게 뮐러 씨는 숫자와 데이터와 사실을 중시했다. 그는 서재로 가서 컴퓨터를 켜고 검색창에 글자를 쳐 넣었다. '여성 직업 기회 균등.' 커리어 자문을 한다는 A. 디젤이라는 남자의 글이 제일 먼저 눈에 들어왔다. 제목이 호기심을 자극했다. 그는 글을 클릭해 읽기 시작했다.

'기회 균등'이라는 거짓말

A. 디젤

독일인들은 베를린 장벽을 무너뜨렸지만 또 하나의 장벽은 여전히 강건하다. 그 장벽이 직업 세계를 두 진영으로 갈라놓는다. '그'가 사는 출세의 나라와 '그녀'가 사는 출세하지 못하는 나라. 여성이 진영을 바꾸려면 아무도 모르게 불법으로 국경을 넘어야 한다. 그냥 넘었다가는 집중 포화가 쏟아진다.

제일 먼저 언론이 사격을 시작한다. 여성 경영인을 인터뷰할 때 기자들은 묻는다.

"직장과 가정을 어떻게 병행하시나요?"

그래놓고는 법정에서 피고인에게 최후의 변론을 듣는 자세로 귀를 쫑긋 세운다. 과연 그녀가 자기 죄를 자백할까? 아이들을 방치했을까, 아니면 회사를 방치했을까? 반면에 책상에 가족사진을 놓아둔 남성 경영인에게는 이렇게 묻는다.

"가족과 시간을 많이 보내시나요?"

그럼 가족 얼굴을 본 지 한 달쯤 된 그가 지난 달 어느 금요일에 모처럼 일찍 퇴근을 해서 아이들과 놀아줬다는 감동 사연을 자랑 삼아 늘어놓는다.

사회도 총을 난사한다. 세월은 참 많이도 흘렀건만 이 사회는 여전히 성별 고정관념의 안경을 벗지 못한다. 노동 시간을 늘린 아빠는 가족 부양을 위해 노력하는 착한 가장이다. 하지만 똑같은 '짓'을 하는 엄마는 자식을 내팽개치는 나쁜 엄마다. 목표를 위해 매진하는 남성은 투지가 강한 사람이지만, 똑같은 일을 해도 여성은 이기적이고 고집 센 사람이다. 그의 입에서 나오는 말은 훌륭한 언변이지만, 그녀의 입에서 나오는 말은 까탈이고 트집이다.

회사의 공격도 만만치 않다. 임원직은 매일 12시간씩 예배를 올려야 하는 제단이다. 온종일 자리를 지키며 회사를 위해 일해야 한다. 연봉과 승진은 성과가 아니라 잘난 척과 자기 자랑이 가져다준다. 많은 남자가 그렇듯 전부 다 자기가 했다고 떠벌리고 다니는 인간은 돈도 많이 받고 칭찬도 많이 듣는다. 하지만 많은 여성이 그렇듯 그저 열심히 일하며 인정받기를 기다리는 사람은 동화 속 주인공과 같은 운명을 겪는다. 아직까지 죽지 않고 살아 있다면 여태 기다리고 있을 것이다!

마지막 주인공은 여성 자신이다. 여성들은 자신을 향해 포문을 연다. 회사에 지원했다가 떨어진 남자는 어떻게 할까? 그 회사를 욕한다. 그럼 여자는? 내가 뭘 잘못했나 고민한다. 작은 성공을 거둔 남자는 어떻게 할까? 동네방네 떠들고 다닌다. 그럼 여자는? 혹시 어디 잘못된 곳은 없나 전전긍긍하며 다음번에는 더 잘해야겠다고 다짐한다.

워킹맘은 자신의 엄마 점수를 매길 때 절대로 아이 아빠하고 비교하지 않는다. 전업주부하고 비교한다.

독일의 사회주의는 베를린 장벽과 함께 허물어졌지만 지금 이 땅의 남성 중심 경제는 더욱더 활짝 꽃피고 있다. 그 경제의 중앙위원회는 남자만 들어갈 수 있다. 그렇지 않다면 이런 현실을 어떻게 설명하겠는가? 독일 200대 대기업의 이사회에서 여자를 찾으려면 무려 100번 중 스물다섯 번이나 문을 두드려야 한다. 그러니까 이사회의 단 4퍼센트만이 여성이라는 말이다.[2] 여성들의 월급봉투에는 어마어마하게 큰 구멍이 났는지, 남성 평균 연봉의 21퍼센트가 그 구멍을 통해 빠져나간다.[3] 덕분에 독일은 남녀 연봉 격차에 있어 유럽 챔피언이다. 시간제 일자리의 80퍼센트 이상이 여성이라는 사실[4]이, 어떻게 우리가 사는 현대 사회의 현실일 수 있단 말인가.

됐다, 됐어! 더 이상 읽어줄 수가 없다. 수치는 진짜일지 몰라도 사실 요점은 제일 끝부분에 있다. 그러니까 여자들 스스로가 문제인 것이다. 비즈니스 세계의 규칙도 파악하지 못하는 주제에 제 발에 걸려 넘어져놓고 괜히 남자들 탓만 하지.

뮐러 씨는 컴퓨터를 끄고 자신의 지원 서류를 내려다봤다. 사진 칸의 금발 남자가 그를 쳐다보고 있었다. 낯설었다. 그런데 그냥 낯선 것이 아니라 이상하게 마음이 끌리고 잘생겼다는 생각이 들면서 심지어……

"내가 지금 '괜찮네.'라고 생각한 거야?"

뮐러 씨는 당황해서 엄지와 검지로 머리카락을 배배 꼬았다. 안 돼. 남자 따위에 신경 쓸 때가 아냐. 치사하게 남편한테 돈 타서 빽빽 울어대는 애나 키우며 살고 싶은 게 아니잖아. 그는 다시 관리자로 돌아가고 싶었다. 학력도, 경력도 충분하니 당연히 그럴 수 있을 것이다. 비록 여자라고 해도. 뮐러 씨는 지원 서류를 다시 찬찬히 검토하기 시작했다.

예뻐도 탈락,
안 예뻐도 탈락

서류 위조가 이렇게 쉬운 줄 미처 몰랐다. 1등급 스캐너(이건 갖고 있었다)와 사진 수정 프로그램(다운로드 받았다)과 약간의 범죄 에너지(솔직히 고백하자면 이것도 갖고 있었다)만 있으면 아무 문제가 없었다. 작업 시간이 길어질수록 그의 머리는 모니터와 점점 더 가까워졌다. 한 점의 의혹도 남기지 않겠다며 의지를 불태웠다.

3시간 뒤 그의 서류는 완벽하게 그녀의 서류로 탈바꿈했다. 이름은 물론이고 성별도 고쳤다. 그는 뽀뽀라도 할 듯 모니터에 머리를 바짝 대고 수정한 자신의 이력을 다시 훑었다. 페트라 밀러, 여성, 35세, 이혼, 대학에서 경영학 전공, 경영전문대학에서 MBA 취득. 대기업 마케팅 부서에서 일을 시작해 2년 재직한 뒤 중견 기업으로 옮겨 프로덕트 매니저로 3년 일했고, 마지막으로 타이어 제조사 잔더 주식회사에서 마케팅 디렉터로 5년 일한 뒤 사직서를 내고 친구와 바이크 투어를 다녀왔다.

서류를 고치며 '마케팅 디렉터'를 외국물 좀 먹었다는 인상을 주기 위해 '마케팅 디렉터 인터내셔널'로 수정했고, 자아 찾기 여행으로 포장하려 했던 바이크 투어는 어학연수로 탈바꿈시켰다. 사실대로 쓰면 너무 남성적인 여자로 보일 것 같았다. 살펴보니 아주 만족스러웠다. 이 정도면 넣자마자 서로 와 달라며 전화통에 불내겠는걸.

그는 우아한 동작으로 프린터의 출력 버튼을 눌렀다. 프린터가 덜덜대며 종이를 뱉어냈다. 완벽해, 완벽…… 아, 사진! 그는 인쇄를 멈췄다. 모니터의 사진 칸에 커서를 대고 삭제 버튼을 눌렀다. 그의 얼굴이 사라지고 백지가 남았다. 기분이 이상했다. 그의 인생은 이 사진처럼 사라진 것일까? 지난밤 그의 운명이 방금 그가 한 것처럼 삭제 버튼을 눌러버린 것일까? 그래놓고 잘됐다며 낄낄대고 있을까?

사진 없이 그냥 보내면 어떨까, 1초 정도 고민했다. 요즘 추세도 지원 서류에서 사진을 빼는 쪽이다. 하지만 자신이 지원서를 받던 시절을 떠올리고 얼른 고개를 저었다. 사진이 없는 여성의 지원서는 딱 한 가지 의미로만 해석된다.

"안 붙일 만한 이유가 있는 거야."

남성 지원자가 사진을 안 붙인 경우에는 단 한 번도 못생겨서 그랬을 것이라고 생각하지 않았다. 충분히 납득이 갔다.

"사진관에 가서 억지 미소를 짓는 게 싫었을 거야. 나도 그러니까."

여성의 경우에는 사진을 붙였다고 해도 얼굴이 너무 예쁘면 당장 이런 고민이 생겼다. 과연 자연이라는 복권에서 얼굴과 두뇌, 둘 다의 당첨 숫자를 맞힐 수 있을까? 학교 다닐 때는 그랬다. 수학 잘하는 친구가 국어도 잘하는 경우는 보기 힘들었다. 더구나 예쁜 여자는 복도를 걷기만 해도 남자 직원 전체의 두뇌 활동에 크나큰 지장을 초래하고 여자 직원 전체의 심술보를 건드리는 법이다.

얼마 전에 얀이 메일로 보내준 이스라엘 경제학자의 연구 결과를 보면 (지금껏 그가 그랬듯) 매력적인 남성은 서류 전형에 통과할 확률이 매력적인 여성보다 두 배 더 높다. 잘생긴 대가다. 하지만 매력적인 여성은 탈락할 확률이 더 높다.[5] 신데렐라는 통하지만 백설공주는 탈락이다.

지금의 자신이 어느 쪽인지 살펴보기 위해 뮐러 씨는 다시 거울 앞에 섰다. 얼굴을 보니 당혹스러웠다. 세월도 낙상할 만큼 반질반질하고 매끈한 피부 때문에 30대 초반으로밖에 안 보였다. 금발로 살짝 덮인 이마는 반달 모양으로 도톰했다. 발그레한 뺨에는 예쁜 볼우물이 찍혀 있고, 통통한 입술은 립스틱을 바르지 않았는데도 앵두처럼 붉었다. 아무래도 신데렐라과는 아닌 것 같았다.

임신이라는
최악의 질병?

뮐러 씨는 전투에 나갔다가 대패하고 돌아온 사령관의 심정이 됐다. 여자가 된 지 이제 겨우 하루밖에 안 지났는데 벌써 온몸에 진이 다 빠져버렸다. 그는 노트북을 끼고 거실 소파에 앉아 있었다. 화면에 얀이 보낸 메일이 일렁거렸다.

페터, 이 자식.

날 혼자 뛰게 하더니 아예 연락도 안 해? 우리의 우정이 침대 모서리에서 끝나는 거냐?

뭐, 좋아. 오늘은 봐주지.

목소리는 예쁘던데 얼굴도 예뻐? 네가 조깅 못 한다고 말할 때 자기 이야기처럼 하던데? 나 못 해! 하고 말이야. 어디서 만났어?

낼 아침 11시. 조깅하자. 내일은 핑계 안 통해.

답을 어떻게 쓸까 고민하다가 어젯밤 악몽이 떠올라 그만뒀다.

오후에는 시내로 옷을 사러 갔다. 제일 아끼던 재킷을 입었는데 너무 커서 손이 안 보일 지경이었다. 구두도 너무 커서 자꾸만 앞부분이 휘어지는 통에 몇 번이나 비틀대다가 넘어졌다. 어린 딸과 같이 가던 아빠가 그를 보며 딸에게 말했다.

"술에 취했네. 대낮부터 여자가 말이야. 옷을 얻어 입으려면 제대로 고를 일이지. 여자가 남자 옷을 입고. 쯧쯧."

언제부터 인류가 내 옷과 음주에 관심을 가졌단 말인가? 남자였을 때는 양 어깨에 작은 우주선을 매단 초록색 외계인 복장을 하고 시내를 돌아다녀도 아무도 뭐라고 하지 않았다. 옷이 이상하다느니, 술에 취했다느니, 지적하지 않았다.

백화점에 가서도 인류의 채찍질은 계속됐다. 그는 골대를 향해 달리는 미드필더처럼 매장으로 달려들어 갔지만 곧바로 수비수에게 막혔다. 짜증스러운 표정의 판매원이 그의 앞을 가로막고 머리끝에서 발끝까지 훑으며 이렇게 말했다.

"도와드릴까요?"

그녀의 문장에는 가장 중요한 부분이 빠져 있었다. 그녀가 진짜 하고 싶은 말은 "밖으로 나가게 도와드릴까요?"였을 테니까. 그녀는 뮐러 씨를 거지 취급했다.

어찌어찌 옷을 산 뒤 단골 사진관에 갔을 때도 채찍질은 이어졌다. 사진사는 증명사진을 찍으러 왔다는 그를 거울이 붙은 작은 방으로 안내했다.

"여기서 손질하고 나오세요. 그래야 점수가 잘 나오죠."

손질? 뮐러 씨의 얼굴이 무슨 샌드위치라도 된단 말인가? 립스틱 치즈를 바르고 파우더 후추를 뿌리고 반짝이는 립글로스 양파링을 얹지 않으면 맨 빵처럼 맛이 없다는 소리인가? 같은 사진사인데 뮐러 씨가 남자였을 때는 왜 다크서클이 턱까지 내려와도 그냥 사진을 찍어준 것일까?

* * *

온갖 고초를 겪은 뒤 마침내 그의 지원서에 사진이 붙었다(그는 백설공주의 덫에 걸리지 않기 위해 화장하지 않고 사진을 찍었다). 뮐러 씨는 채용 사이트에 들어가서 자신이 원하는 마케팅 분야의 일자리를 찾았다. 다 지원해보고 싶었다. 워낙 자격 조건이 좋으니까 여러 군데에서 연락이 올 것이다. 남자였다면 말이다. 하지만 매력적인 35세의 싱글 여성인 지금, 그는 왠지 확신이 서지 않았다.

어, 이게 뭐지? 기적이 일어났다. 한 에너지 기업에서 마케팅 부서 지역 책임자를 구하는데 '익명 지원서'를 요구했다. 뮐러 씨는 노트북을 코앞으로 바짝 끌어당겼다. 워낙 경제 신문을 즐겨 읽었기에 익명 지원서가 뭔지 그는 잘 알았다. 자질과 능력은 공개하되 이름과 성별, 나이, 출신은 언급하지 않는 지원 형식으로, 요즘 기업들 사이에서 한창 실험 중인 채용 방식이다. 연구 결과를 보면 이런 방식이 사회적 소수자, 즉 외국인이나 여성에게 큰 도움이 된다고 한다.[6]

그러나 그 말을 거꾸로 해석하면 그런 채용 방식을 선택하지 않은 다른 기업들은 그 두 집단을 우선적으로 배제한다는 뜻이다. 그는 놀라지 않았다. 그도 예전에 예비 엄마들만 보면 거지 쫓듯 쫓아버렸으니까 말이다. 특히 16~49세 가임기 여성이 집중 공격을 받는다. 그럼 그 나이대가 아닌 여성은 어떨까? 그 전은 커리어를 쌓기에 너무 어리다. 그 뒤는 너무 늙었다. 남성의 별 지구에서 이 얼마나 써먹기 좋은 핑계란 말인가! 그러나 여자가 된 뮐러 씨에겐 더없이 나쁜 핑계였다. 뭘 해도 좋을 나이였던 남자 나이 서른다섯이 지금의 그에겐 방금 이마에 찍힌 낙인처럼 느껴졌다.

그렇다고 미리 낙담할 필요는 없다. 뮐러 씨는 '독신주의자'임을 강조한 지원 서류를 여섯 곳의 기업에 보냈다. 다섯 곳에는 '페트라 뮐러'의 이름으로, 한 곳에는 익명으로.

지원 서류를 보내고 처음 답장을 받았을 때는 너무 기뻐 심장이 튀어나오는 줄 알았다. 사실 이런 반응은 좀 과한 것이었다. 그가 지원한 어느 양조 회사에서 서류를 잘 받았다고 수령 확인을 한 것뿐이었으니까. 그런 식의 수령 확인은 무릎 꿇고 청혼했는데 감격의 눈물을 흘리며 포옹을 하리라 기대했던 상대가 시큰둥한 표정으로 이렇게 말하는 것과 같다.

"당신 지원서는 잘 받았어요. 좀 기다려보세요. 누구를 면접에 부를지는 2주 뒤에 결정할 테니까요."

그러니까 회사는 지금 더 괜찮은 지원자가 나타나기를 기다리는 중이다. 혹시 몰라서 그의 지원서를 보관한 것일 뿐이다.

수령 확인 메일이 날아오고 열흘 뒤 그는 또 한 통의 메일을 받았다. 그의 청혼을 받았던 양조 회사가 자기 회사 맥주를 무지막지하게 들이켰는지 이따위 편지를 보냈다.

"우리 기업을 믿고 지원해주신 점 깊이 감사드립니다."

겨우 입사 지원을 하는데 믿음까지 필요하다면 그런 데서 일을 하려면 대체 뭐가 더 있어야 할까? 사자의 용기? 참새의 대가리? 자살 충동?

"비록 이번에는 면접에 초대하지 못하지만 당신의 품성과 자질은 믿어 의심치 않습니다. 널리 양해를 부탁드립니다."

말은 그럴싸하지만 결국 탈락이었다. 청혼을 받은 여자 친구가 다른 놈이랑 손을 잡고 뛰어가면서 나의 품성과 자질을 믿어 의심치 않는다니! 이게 말이야, 방귀야.

그 자리에 페터 뮐러보다 더한 적임자는 없다. 그러나 그는 지금 아담의 갈비뼈로 만든 이브처럼 페터의 갈비뼈로 만든 페트라일 뿐이다. 문제는 바로 여기 있다. 질병 중 최악의 질병, 열 달 동안 아프다가 비명을 지르며 쾌유하지만 그 후유증이 20년을 넘게 가는 질병, 그리고 평생 몇 번을 더 앓을지 모르는 질병, 남자는 완벽한 면역력을 갖춘 질병, 바로 그 질병에 그가 노출된 것이다. 당연히 고용주 입장에선 최대한 안전을 기할 것이고, 그 대안은 바로 남자다. 남자는 임신이라는 질병에 절대 걸리지 않을 테니까. 페터 뮐러였다면 100퍼센트 면접을 볼 수 있었을 것이다.

그의 의심은 이름을 적어 넣은 다섯 곳에서 모두 불합격 통지를 받으며 확신으로 굳어졌다. 익명으로 서류를 넣은 에너지 기업에서만

합격 통보를 받았다. 하지만 면접장에서도 그가 10개월짜리 질병에 취약한 여자라는 사실을 숨길 수는 없을 것이다. 블라인드니 익명이니 이게 다 무슨 소용인가? 아무리 블라인드를 쳐봤자 줄을 당겨 올리면 다 보이는데.

그러나 여기서 물러설 뮐러 씨가 아니었다. 어떻게 하면 아기에게 이유식을 떠먹이듯 과거의 남성 동지들에게 믿음을 떠먹여 원하는 자리를 낚아챌 수 있는지, 그는 누구보다 정확히 알았다.

면접이야,
임신 테스트야?

바쁜 아침 시간을 거울 앞에서 다 보냈다. 한 듯 안 한 듯한 화장이 오늘의 콘셉트였다. 하지만 립스틱을 아주 살짝만 발라도 그의 입은 방금 거나하게 식사를 마친 흡혈귀 꼴이 됐고, 볼터치로 톡톡 두드렸을 뿐인데 그의 뺨은 활활 타올랐다. 아이라인은 삐뚤삐뚤해서 술주정뱅이가 장난을 친 것 같았고, 파우더에 얼굴을 들이밀었다가 분가루를 마시는 바람에 계속 재채기를 해댔다.

그렇게 아침 시간의 절반은 얼굴에 화장품을 떡칠하느라 보냈고, 나머지 절반을 다시 긁어내느라 썼다. 얼굴을 어찌나 괴롭혔던지 뺨이 기저귀 발진 난 아기 엉덩이처럼 볼터치를 안 해도 절로 빨갰다. 머리 매만지는 데 걸린 시간은 아파트 주차장에 있는 모든 자동차를 고광택으로 닦아도 남을 정도였다. 왜 예전 여자 친구들이 온종일 욕실에서 나오지 않았는지 이제야 알 것 같았다. 남자였을 땐 3분이면 차고 넘쳤다. 1분 드라이, 2분 면도! 그리고 약 3초 동안 전국 최고 미

남의 얼굴을 감상하며 히죽, 웃어주면 그뿐이었다.

겨우겨우 욕실에서 기어 나온 다음에도 문제는 끝나지 않았다. 옷은 또 무엇을 입어야 하나? 남자였을 때는 세상 편했다. 어두운색 양복과 어두운색 양복, 와이셔츠와 와이셔츠, 넥타이와 넥타이 중에 고르면 됐다. 여자가 되고 나니 그냥 잠옷 입은 채로 출근하는 것이 최고의 시간관리가 아닐까 싶을 만큼 복잡했다. 왜 여자들은 양복이 없을까? 치마냐, 바지냐를 결정하는 것부터가 보통 힘든 일이 아닌데 겨우겨우 선택을 끝내도 더 골치 아픈 과학적 문제에 부딪힌다. 치마 길이는 어느 정도가 적당할까? 블라우스 파임은 어느 정도가 좋을까? 너무 몸에 딱 달라붙는 게 아닐까? 너무 헐렁해서 바보 같아 보이나? 색이 너무 튀지 않을까? 너무 거무튀튀하나?

결국 뮐러 씨는 정장 바지에 파란 블라우스를 입고 굽이 낮은 검은 구두를 신고 저조한 기분으로 면접장으로 달려갔다.

* * *

두꺼운 양탄자를 깔아서 발소리를 줄이고 블라인드를 내려서 햇빛을 가린 방이었지만 천장에 매달린 환한 등이 그의 메이크업 상태를 적나라하게 까발렸다. 방 한가운데 놓인 탁자는 테니스를 쳐도 될 만큼 길고 넓었다.

맞은편에는 두 명의 남성이 앉아 있었다. 둥근 얼굴의 대머리인 인사부장과 깔끔한 인상의 중년 남성인 마케팅 이사였다. 곧 질문이 시작됐다.

"서른다섯이면 아직 젊은데 어떻게 마케팅 디렉터 인터내셔널이 되셨는지?"

뮐러 씨는 평소처럼 자기 자랑으로 이야기를 시작했다. 이어지는 성공담. 뮐러 씨의 손이 닿았다 하면 문제가 해결됐고 물은 포도주로 변했다. 한창 신이 나서 자랑을 뿜고 있는데 마케팅 이사가 불쑥 말을 잘랐다.

"요즘 젊은이들은 자신감이 부족해서 탈인데, 많이 다르시군요."

"바로 그래서 제가 이 회사와 궁합이 잘 맞는 거죠."

뮐러 씨가 호탕하게 큰소리로 웃었다. 하지만 두 남자는 웃지 않고 화난 듯 눈썹을 치켜떴다. 천장의 등불에 눈이 부셨다. 아, 맞다! 그는 여자였다. 며칠 전에 읽은 그 커리어 자문 기사에는 왜 여자가 남자와 똑같이 행동하면 다른 평가를 받는다는 사실이 언급돼 있지 않았을까? 이쯤에서 입을 닫는 것이 좋을 듯했다. 그는 겸손한 척하며 두 남자를 추켜세워 다시 질서를 회복했다. 그리고 준비해온 에너지 기업 홍보 아이디어를 내놓기 시작했다. 두 남자의 얼굴에 흡족한 표정이 떠올랐다. 그러나 결국 인사부장의 입에서 예상 질문이 나오고야 말았다.

"나중에 시간제 근무도 가능하십니까?"

이것이야말로 뮐러 씨가 가장 좋아하던 질문이었다. 그러니까 저 말은 애를 잔뜩 낳을 생각이 있느냐는 뜻이다. 뮐러 씨는 질문이 채 땅에 떨어지기도 전에 바로 받아서 답과 함께 공손히 되돌려줬다.

"시간제 근무는 한 번도 생각해본 적 없습니다. 매니저라면 일에 살고 일에 죽어야죠."

그러나 임신 테스트는 그것으로 끝이 아니었다.

"만약 회사가 집을 제공한다면 방이 몇 개나 되는 집을 구하겠어요?"

역시나 묻는 의도는 똑같았다. 애를 몇이나 낳을 생각인지 그게 알고 싶은 것이다. 뮐러 씨는 대답했다.

"침실, 거실, 서재면 충분합니다. 집에서도 아이디어 개발을 하려면 서재는 꼭 필요할 테니까요."

아무리 그물을 던져도 물고기가 걸려들지 않자 마케팅 이사가 직접 나섰다.

"우리 부서 여사원은 현재 주당 이틀 재택근무를 합니다. 아이가 어린 경우 원하는 만큼 재택근무를 할 수 있습니다."

사원? 마케팅 부서 지역 책임자가 될 그를 평사원과 비교해? 있지도 않은 애를 가지고 트집을 잡아? 여자의 몸에 들어왔다는 이유만으로 이런 대접을 받다니! 그는 숨을 크게 들이쉰 뒤 차분히 말했다.

"제겐 일이 인생의 전부입니다. 지원서에도 썼다시피 저는 독신주의자입니다."

"아, 물론, 알죠. 다만 우리 회사가 여성을 얼마나 배려하는지 알려드리고 싶어서요."

결국 뮐러 씨는 그들의 입을 틀어막기 위해 아껴뒀던 마지막 병기를 꺼내들었다.

"아, 물론 결혼은 생각해볼 수 있겠죠. 하지만 아이는 불가능합니다. 생물학적인 이유로 저는 임신이 불가능합니다."

인사부장이 손으로 부채질을 하며 큰소리로 외쳤다.

"아니. 그런 뜻은 아니고. 그건 사생활이니까."

당황하여 아직 벌린 입을 채 다물지도 못한 그의 눈이 슬쩍 밀러 씨의 배 쪽을 향했다.

5일 뒤에 불합격 통보가 날아왔다. 불합격은 순산이었다.

남자였던 덕에
직장을 구하다

얀이 그의 집 앞에서 잠복을 하는 것 같았다.

뮐러 씨가 쓰레기를 버리려고 나갔는데 얀이 불쑥 앞을 가로막았다.

"안녕, 얀!"

뮐러 씨가 반사적으로 인사를 하다가 자신의 인어 아가씨 같은 목소리에 화들짝 놀라 현실로 돌아왔다. 친구의 얼굴이 굳어졌다.

"내가 얀이란 거 어떻게 알지?"

"사진 봤죠. 둘이 사막 갔을 때."

"아."

얀의 얼굴에 안도의 표정이 떠올랐다.

"페터 집에 있어요? 메일을 몇 번이나 보냈는데 연락이 없어서."

뮐러 씨가 움칠했다.

"음, 그게…… 페터가…….."

"왜? 무슨 일인데요?"

얀이 심각하게 물었다.

"바이크로 전국 일주를 하겠다고 갔는데 언제 올지는 잘……."

"그쪽한테 집을 맡기고?"

뮐러 씨는 고개를 끄덕이며 친구의 생각을 읽으려고 애썼다. 아침에 머리를 안 빗었더니 머리가 까치집을 지었다. 욕실을 거실 삼아 온종일 거울만 들여다보고 있기가 아직 너무 힘들었다. 친구가 이 꼴을 보고 눈치를 챘을까? 얀이 현관으로 한걸음 다가오다가 걸음을 멈췄다. 그의 시선이 문패에 가 멎었다.

"페터 뮐러와 페트라 뮐러?"

"네."

"이게 뭐야? 왜 말을 안 했지? 둘이……."

얀이 차마 그 말만은 입에 담지 못하겠다는 듯 손으로 입을 막았다.

"맞아요. 우리 결혼했어요."

"결혼을 하자마자 전국 일주를 갔다고요? 한시도 떨어지기 싫을 신혼에?"

"사돈 남 말 하시네. 사막 투어 가려고 이네스랑 헤어져놓고."

얀의 얼굴이 흙빛으로 변했다.

"페터가 그런 말까지 했어요? 아주 미주알고주알 다 일러바쳤구먼. 내가 첫 키스 언제 했는지는 말 안 해요?"

"열여섯 살 때요."

머리를 망치로 얻어맞은 사람처럼 얀이 털썩 주저앉았다. 아차! 입 단속을 못한 자신이 후회스러워 뮐러 씨가 얀을 위로했다.

"친구가 비밀이라고는 없는 짝을 만난 게 기쁘지 않아요?"

얀이 뮐러 씨를 올려다보며 히죽 웃었다.

"그럼 잠깐 들어가도 돼요?"

"오늘은 안 되고 다음번에 놀러오세요."

뮐러 씨가 우아한 걸음으로 쓰레기봉투를 버리고 얀을 빙 둘러 집으로 들어간 다음 문을 쾅 닫았다. 5분 뒤 그는 친구의 방문이 하늘의 뜻이었음을 깨달았다. 얀과 대화를 나누다가 기가 막힌 아이디어를 떠올린 것이다. 그렇다. 페터의 경험을 이용하자! 마침 투어를 떠나기 전에 다녔던 타이어 회사에서 마케팅 디렉터를 구한다는 채용 공고가 났다. 그의 후임이 6개월을 못 버티고 사표를 낸 모양이었다. 당연하지. 그의 빈자리를 채울 만한 인재를 찾기가 어디 쉽나?

뮐러 씨는 타이어 회사에 전화를 걸어 부사장을 바꿔 달라고 부탁했다. 예전에 페터 뮐러는 그의 비리를 알고도 눈감아준 적이 있었다. 과연 페터라는 이름은 큰 효력을 발휘했다. 뮐러 씨는 부사장의 적극 지원에 힘입어 무사히 예전 자리를 되찾았다.

"여성은 오직 사실만 바라보는
부지런한 일벌입니다."

2.
회사라는
거대한
정글

"권력을 가지려면 남들보다 많이 알아야 합니다. 많은 정보원이 필요하죠. 그 외에 남의 구역을 침범하고, 신체 접촉을 하고, 적재적소에 칭찬을 하는 전략도 필요합니다. 그런데 여성들은 이 같은 권력 게임에 아무 관심이 없습니다. 그게 문제입니다. 지금도 기업 경영은 남성의 영역입니다. 라이벌 게임이 판치는 곳이죠. 남자들은 많을 때는 매일 200번까지도 라이벌 게임을 치릅니다. 이기기 위해 열심히 게임 규칙을 공부하겠죠."

그가 뮐러 씨를 다정하게 바라봤다.

"당신 같은 여성들에게 제가 아는 권력 게임의 규칙을 더 많이 알려드리고 싶습니다. 하지만 기업들이 여성을 제게 보내지 않습니다. 그게 문제죠."

여자는
비서 필요 없잖아?

요한나 노이어가 어디 갔지? 그가 쓰던 사무실의 비서실이 텅 비어 있다. 책상도 사라졌다. 아침마다 기분 좋게 쉭쉭거리던 커피 머신도 물기 하나 없이 구석에 처박혀 있다.

사장 잔더가 밀러 씨의 첫 출근을 환영하는 뜻에서 그를 몸소 사무실까지 안내했다. 잔더는 백짓장 같은 얼굴에 커다랗게 찍힌 바보라는 글자를 가리려고 일부러 도수도 없는 뿔테 안경을 썼다. 40대 중반인데 벌써 희끗희끗 흰머리가 보였다. 그에겐 남들에게 없는 단 한 가지 뛰어난 자질이 있었다. 바로 고인이 된 창업주의 아들이라는 것이다. 텅 빈 비서실을 지나면서 밀러 씨가 물었다.

"비서는 휴가 중인가요?"

"비서? 무슨 비서?"

"당연히 노이어 씨죠."

잔더가 미심쩍다는 표정으로 쳐다봤다.

"어디서 그 이름을 들었어요?"

"아, 인사부장님께 제가 전임자 비서 이름을 여쭤봤어요. 보석 같은 비서라고 입에 침이 마르도록 칭찬을 하시던데요."

"보석, 그렇지. 보석이지."

잔더가 대답하고는 뮐러 씨의 사무실로 들어갔다.

"하지만 안타깝게도 보석함을 옮겼어요."

"네?"

잔더가 걸음을 멈추고 대답했다.

"우리 홍보부장 악셀 슈미트 씨의 비서실로 갔답니다."

분노가 치밀었다. 하필이면 그 빌어먹을 놈의 슈미트한테로 가다니! 노이어가 일 잘한다고 예전부터 그렇게 탐을 내더니 결국 그놈이 빼앗았구나. 그럼 이제 누가 잡무를 처리해주지? 노이어만큼 일 잘하는 비서도 찾기 쉽지 않은데.

옛 사무실에 들어서니 감회가 새로워 책상 주변을 한 바퀴 돌았다.

"전임자들도 비서가 없었나요?"

뮐러 씨가 물었다.

"다들 훌륭한 일꾼이었죠."

잔더가 말을 돌렸다.

"비서도 없이 혼자서요?"

"다들 매우 자립적이었죠."

잔더가 또 딴소리를 했다.

"전임자들은 비서가 있었는데 왜 저는 비서가 없나요?"

잔더가 이마를 찌푸렸다.

"여성이니까 혼자서도 뭐든 잘할 수 있을 것이라 생각합니다만."

그러니까 양한테 울 스웨터가 필요 없듯 여성 관리자에겐 비서가 필요 없다?

"남자에게는 요구하지 않는 것을 여자에게만 요구하시는군요!"

"당연한 거 아닙니까? 여성은 멀티태스킹이 되잖아요. 비서는 그렇지 못한 사람들이 어쩔 수 없이 쓰는 지팡이라고 보면 되죠. 여성이니까 잘하실 겁니다."

잔더가 뿔테 안경 너머로 환하게 웃으며 말했다. 밀러 씨는 창틀에 놓인 화분을 힐끗 쳐다봤다. 출근하자마자 사장에게 테러를 가하면 어떤 결과가 따라올지 잠시 상상했다. 드디어 멍청이 잔더를 제거했다고 직원들은 환호성을 치겠지만, 경찰은 같은 마음이 아닐 것이다. 밀러 씨의 시선을 좇던 잔더가 아주 신이 나서 말했다.

"싱싱하지는 않지만 화분도 하나 있네요."

"네. 물을 하도 안 줘서 말라 죽게 생겼군요."

밀러 씨가 생각에 빠져서 입에서 나오는 대로 대꾸했다.

"이런, 출근하자마자 벌써 할 일을 찾아내다니. 물뿌리개는 탕비실에 있습니다. 한 계단 내려가서 왼쪽 두 번째 방."

밀러 씨가 화분을 집어 들었다. 이걸 어디다 쓸지 아직 정하지 못했다. 하지만 고개를 든 순간 이미 잔더는 문을 열고 나가고 있었다.

"첫 출근 환영합니다!"

회의실의
금붕어

남자였던 시절 뮐러 씨는 회의 때마다 승승장구했다. 럭비 선수처럼 남의 말을 낚아채서 살짝 자기 아이디어를 더한 다음 힘차게 골대를 향해 달리는 재능을 타고났기 때문이다. 그의 솜씨에 감탄하는 동료도 많았지만, 사실 시기하는 동료가 더 많았다.

페트라 뮐러가 된 그는 오늘 회사 꼭대기 층 관리자 회의실의 긴 원목 탁자에 임원들과 둘러앉았다. 블라인드를 통과한 햇빛이 줄무늬를 지으며 탁자로 떨어졌다. 탁자 윗자리에는 태어나보니 창업주의 아들이어서 뜻하지 않은 고속 승진으로 사장이 된 슈벤 잔더가 앉았고, 바로 그 옆에는 홍보부장 악셀 슈미트가 짜부라져 앉았다. 영업부장 볼프 베어는 뮐러 씨 옆에 앉았다. 40대 후반의 다부진 남자인데, 페퍼민트 껌을 입에 넣고 질겅거리면서도 말을 술술 잘도 했다.

베어가 서류를 옆자리까지 흩뿌려놓은 탓에 뮐러 씨 앞에는 커피

잔 하나 놓을 자리도 남아 있지 않았다. 두 사람의 맞은편에는 연구개발부장 에리크 되르플링거가 앉았다. 연구실에 앉아서 실험이나 하고 있어야 어울릴 사람인데 어찌된 이유인지 대학을 박차고 나와 자유경제에 뿌리를 내렸다.

잔더가 헛기침을 하며 블라인드 틈으로 들어오는 햇살을 피하느라 고개를 살짝 기울였다.

"자, 여러분. 겨울이 코앞입니다. 이번에 나온 우리 회사 겨울용 타이어 신제품 '아이스브레이크'를 시장에 알려야 할 시점입니다."

뮐러 씨는 속으로 웃었다. 잔더는 말솜씨가 없기로 유명하다.

"그래서 여러분과 함께 광고 아이디어를 모으려고 합니다."

잔더가 그렇게 말하며 탁자에 둘러앉은 한 사람 한 사람을 안경 너머로 쭉 훑어봤다. 처음부터 의자 끝에 엉덩이만 걸치고서 언제든 일어날 준비를 하고 있던 악셀 슈미트가 곧바로 말을 받았다.

"벌써 겨울 시즌을 준비하시는 사장님의 혜안이 참 보통은 아니다 싶습니다. 저도 열심히 회사에 기여하는 차원에서 아이디어를 하나 내볼까 합니다만……."

절로 나오는 한숨을 꾹 참느라 뮐러 씨는 긴 손톱으로 탁자 아래쪽을 벅벅 긁었다.

"TV 광고 아이디어인데요. 운전자가 최고 속도로 달리다가 급브레이크를 밟습니다. 차가 한 바퀴 빙 돌고 바퀴가 끼익 소리를 냅니다. 이때 바퀴를 클로즈업해야겠죠."

아이들이 입을 헤벌리고 들어주길 바라는 동화책 읽는 할아버지처럼 그가 사람들을 바라봤다. 뮐러 씨의 입이 하품을 하려고 벌어졌다. 슈미트가 잔더에게 뽀뽀라도 할 것처럼 은은한 미소를 지으며 옆으로 고개를 돌렸다.

"그 순간 기적처럼 차가 딱 멈춥니다. 차 앞에는 눈을 커다랗게 뜬 아이가 겁에 질린 표정으로 서 있죠."

뮐러 씨는 혼자 속으로 생각했다. 차라리 네안데르탈인이 굴러가는 돌을 타고 가다가 공룡을 만나서 딱 서는 게 더 낫지 않아? 구석기시대가 따로 없군. 아으, 따분해! 그의 생각을 읽은 것처럼 슈미트가 말을 이었다.

"그런데 바로 여기서 반전이 딱, 나타납니다. 클로즈업으로 잡은 그 아이가 길을 건너면서 스마트폰을 보고 있었는데 그 액정에, 물론 그 액정을 클로즈업합니다, 우리의 신형 타이어가 반짝거리는 겁니다. 이런 문구와 함께요. 잔더가 당신의 생명을 구합니다!"

사람들은 호의적이었다. 연구개발부장 되르플링거가 말했다.

"좋은데요. 현대식 미디어와 현대식 타이어가 만나서 시너지 효과를 낳겠어요!"

영업부장 베어도 거들었다.

"스마트폰이 딱이야! 요즘 사람들은 스마트폰 없으면 아무것도 못 하잖아요."

그가 입을 벌릴 때마다 페퍼민트 향기가 코를 찔렀다.

남은 사람들도 한마디씩 거들면서 회의실이 시끌벅적해졌다. 목소리 큰 사람이 이긴다고, 다들 있는 힘껏 고함을 질러댔다. 슈미트의 아이디어에 자기 소변을 뿌려 흔적을 남길 절호의 기회를 놓치고 싶지 않은 것이다.

* * *

정장 바지를 입은 뮐러 씨가 의자에 앉아 불안하게 몸을 뒤척였다. 머리에는 아이디어가 한 가득이었지만, 럭비 선수처럼 말을 낚아채려는 몇 번의 시도가 모두 실패로 돌아갔다. 남자였을 때는 낮은음의 목소리를 뱃고동처럼 울려 길을 텄는데, 지금은 목소리가 높다 보니 아무래도 말의 무게감이 떨어질 것 같아 걱정이었다. 목소리 크기도 예전보다 절반은 줄었다.

마침내 그가 짧은 침묵의 틈새를 비집고 들어갔다.

"타이어라고 해서 너무 길에만 집착할 필요는 없을 것 같습니다. 우리의 타이어에 감정을 연결하는 것은 어떨까요? 모험과 자유를 연상시키는 거죠. 우리가……."

"아, 하나 더 떠올랐어요."

슈미트가 다짜고짜 끼어들었다.

"마지막 부분에는 잠깐 동안 타이어에 노란 스마일을 집어넣는 겁니다. 차가 아이 곁을 지날 때 찡긋 윙크를 하는 거죠."

뮐러 씨도 지지 않고 하던 말을 이어갔다.

"저는 남극의 배를 상상했습니다. 주변의 두꺼운 얼음 때문에 배가 꼼짝도 못합니다. 선장과 선원들이 추워서 벌벌 떨면서……."

"슈미트 씨, 그 스마일 괜찮네요."

잔더가 가망 없어 보이는 기나긴 수색 끝에 겨우 콩알만 한 자기 뇌를 찾은 사람처럼 다시 스마일 이야기를 꺼냈다. 뮐러 씨는 두꺼운 어항 안에서 입을 뻐끔거리는 금붕어가 된 기분이었다. 그가 말을 하면 다들 슬쩍 보기는 했지만(예쁜 금붕어네. 입에서 거품을 뿜어!) 못 들은 척 자기 할 말만 계속했다. 정말로 그의 획기적인 아이디어는 남자가 아닌 여자의 입에서 나왔다는 이유만으로 좌초할 것일까? 뮐러 씨가 다시 기회를 낚아챘다.

"그때 한 선원이 창고에서 우리 타이어를 꺼냅니다. 그리고 그 타이어를 배의 앞부분에 장착하죠. 그러자 아이스브레이크라는 제품명처럼 얼음이 갈라지면서 배가 앞으로 나아가고 선원들이 환호성을 칩니다. 그 순간 카메라가 타이어를 클로즈업합니다. 사람들이 우리의 타이어를 국기게양대에 답니다. 배는 망망대해로 나아갑니다. 인어들이 배를 에워싸고 광고 슬로건을 노래합니다. 잔더 덕분에 안전해요!"

뮐러가 기대에 찬 표정으로 사람들을 쳐다봤다.

"그 스마일 이모티콘, 애니메이션으로 가능해요?"

악셀 슈미트가 정보기술부장 요하네스 해베블레를 보며 물었다.

"물론 가능합니다."

컴퓨터 전문가가 대답했다.

럭비공이 다시 몇 차례 탁자를 튀어 다녔지만 번번이 뮐러 씨만 건너뛰었다. 마지막으로 다시 악셀 슈미트가 공을 잡았다.

"광고 슬로건을 다시 생각해봤는데요. 마지막 장면에는 스마트폰 액정에 이런 글자를 딱 띄우는 겁니다. '잔더 덕분에 안전해요. 아이스브레이크!'"

잔더가 입술을 모아 휘파람을 휘익 불었다.

"대단해요, 슈미트 씨."

모두가 인정한다는 듯 고개를 끄덕였다. 박수만 안 쳤을 뿐이지 모두가 감격한 표정으로 서로를 향해 미소를 날렸다. 10분 전 뮐러 씨가 똑같은 광고 슬로건을 제안했을 때는 왜 아무도 반응을 보이지 않았을까? 뮐러 씨는 벌떡 일어나 고함을 지르고 싶었다.

"이봐, 형제들. 너희가 왜 이렇게 죽이 척척 맞는지 나는 다 알아. 어제 퇴근하고 모두 안젤리노 바에서 술 퍼마시면서 이걸로 하자고 합의 봤지? 그래서 다른 아이디어는 가차 없이 무시하는 거잖아!"

뮐러 씨는 그 과정을 너무나 잘 알았다. 왜? 자기도 오랜 세월 그들과 함께했으니까. 잔더는 팔랑 귀다. 옆에서 서너 명이 좋다고 칭찬을 하면 그의 머리는 생각이라는 본연의 임무를 접고 그가 제일 좋아하는 행동을 하기 시작한다. 끄덕끄덕, 고개를 끄덕이는 것이다.

그래서 뮐러 씨도 어제 저녁에 그 술자리에 끼려고 애를 썼다. 6시쯤 남자들이 북쪽으로 떠나는 철새 떼처럼 우르르 밖으로 나갈 채비를 하자 얼른 외투를 껴입고 복도로 달려 나갔다. 다섯 명의 남자가 막 출발을 하려던 참이었다.

"같이 퇴근하세요?"

뮐러 씨가 물었다. 얼음처럼 차가운 눈빛으로 슈미트가 대답했다.

"네. 다섯 명 예약해뒀거든요."

뮐러 씨도 가만있지 않았다.

"여태 그 비공식적인 자리에 마케팅 부서는 참가를 안 했나요?"

여느 때처럼 껌을 질겅거리며 페퍼민트 냄새를 사방으로 퍼트리던 볼프 베어가 치과 치료를 받고 나온 환자처럼 불명확한 발음으로 웅얼거렸다.

"비공식적인 자리는 무슨, 그냥 남자들끼리 한잔하는 거예요."

그가 히죽 웃었다. 단물 빠진 껌처럼 진득거리는 웃음이었다. 뮐러 씨는 알아들었다. 여자는 빠져야 한다. 여자는 불청객이다. 하긴 뮐러 씨 입장에서도 그 편이 더 나았다. 여자 혼자 남자들 틈에 끼어 뭘 어쩌겠는가? 지저분한 농담에 같이 안 웃고 같이 술 퍼마시지 않으면 분위기 망치는 여자가 될 것이다. 그렇다고 지지 않고 똑같이 술을 들이켠다고 해서 좋은 소리를 듣겠는가? 술이 오른 남자들이 손을 함부로 놀리지 않으리라는 보장은 또 어디 있는가? 술집에 따라갔다는 이유만으로 술집 여자 취급을 받지 않으리라는 보장은? 뮐러 씨는 기회가 되면 커리어 코치를 찾아가서 이 문제를 의논해보기로 결심했다.

철새 다섯 마리를 따라 뮐러 씨도 문 앞까지 걸어갔다. 깜깜한 하늘에 달이 외로이 떠 있었다. 뮐러 씨는 혼자 주차장까지 걸어갔다. 검은 리무진들이 그의 곁을 지나갔다. 그를 놀리기라도 하듯 한 대는 경적까지 울리고 떠났다. 자동차 후방 등 불빛이 어둠 속으로 사라졌다.

'여성 관리자' 세미나는 있고
'남성 관리자' 세미나는 없는 이유

하마터면 뮐러 씨만 회사에 남겨질 뻔했다. 복도에서 귀를 쫑긋 세우고 베어와 되르플링거의 말을 엿듣지 않았더라면 스위스의 한 세미나 호텔에서 이틀 일정으로 '중급 관리자 리더십' 세미나가 열린다는 사실을 까맣게 몰랐을 것이다. 강사는 리더십의 천재이자 커리어 코치로 유명한 안스가르 자이델이었다. 뮐러 씨는 인트라넷에 들어가서 인사부장 바이머가 올린 공지사항을 확인했다.

"이달 22일에서 24일까지 잔더 주식회사의 모든 관리자가 리더십 함량을 위해……."

인사부장 바이머는 "존경하는 우리 회사 대표께서도 이 과정을 이미 성공적으로 마치셨다."는 점을 굳이 강조했다. 여기서 "성공적"이란 잔더가 만인의 기대에 부응하지 않고 스위스로 날아가서 사고 없이 수료증을 따 집으로 돌아왔다는 뜻이었다.

파란색 치마 정장을 입은 뮐러 씨가 머리를 뒤로 질끈 묶은 다음 사장실로 향했다. 잔더는 웬만한 강에 다리로 놓아도 될 만큼 큰 책상에 앉아 있었다. 뮐러 씨가 책상 끝 강가에 서서 외쳤다.

"인트라넷에서 봤습니다. 모든 관리자가 스위스 세미나에 참석한다고요. 모든 관리자가!"

건너편 강가에 앉은 잔더가 망원경을 들여다보듯 안경 너머로 뮐러 씨를 쳐다보더니 잠깐 망설였다.

"한 사람은 빠졌죠."

"그러니까 바로 그 한 사람 이야기를 하러 왔습니다. 모든 관리자가 세미나에 참석하러 갔는데 한 사람만 복도를 왔다 갔다 한다면 회사 사람들이 뭐라고 생각할까요?"

"바람직하다고 생각하겠지."

잔더가 귀를 긁으며 대답했다.

"누군가 한 명은 남아야 문제가 생기면 해결을 할 거 아니겠소."

뮐러가 강 건너에서 외쳤다.

"그건 아니죠. 다 가고 혼자 남았는데 왕따죠."

"내가 안 가는 이유는 전 직원이 알아요. 나는 이미 그 세미나를 수료했잖소."

"제 이야기를 하는 겁니다. 사장님 이야기가 아니라."

잔더가 머리를 원래의 목적인 생각에 사용하기 위해 천천히 고개를 끄덕였다.

"그건 중급 과정인데. 중급을 가려면 먼저 초급을 마쳐야지."

"절 고용하신 이유를 벌써 잊으셨습니까? 리더십도 안 배우고 경험도 없는 생짜 초보여서 절 뽑으셨나요?"

잔더가 의자에서 이리저리 몸을 뒤척였다.

"하지만 내가 들을 땐 그 세미나에 남자들뿐이었어요. 마케팅부장은 '여성 관리자' 특별 세미나에 가야 하지 않을까?"

"그럼 왜 이 회사의 다른 부장들은 '남성 관리자' 세미나에 안 보내십니까?"

잔더가 멍한 표정을 지었다. 그의 머리에 아무 대답도 떠오르지 않는다는 뜻이었다.

✦ ✦ ✦

사실 잔더가 뮐러 씨의 질문에 답하지 못하는 진짜 이유는 따로 있었다. 그런 세미나는 애당초 존재하지 않는다! 남자들에겐 관리와 경영이 일상이지만 여자들에겐 극히 예외적인 사건이다. 그래서 여자들에겐 리더십도 '남자들 틈에서 살아남는 소통법' 같은 가벼운 세미나만 따로 골라 들으며 특별 관리를 해야 한다. 그들이 그런 강의를 듣는 동안 남성들은 권력의 의지를 불태우며 '자기 의지 관철법'을 배운다. 그러니까 다들 '중급' 세미나는 당연히 남성에게만 해당된다고 생각하는 것이다.

과연 남성 관리자가 '여성들 틈에서 살아남는 소통법' 세미나를 신청할까? 신청을 했다는 사실만으로도 그는 해고감이 될 것이다. 어떤 남자가 '가정과 리더십, 둘 다를 지키는 법' 같은 제목의 세미나에 열

광할까? 남성 관리자는 적절한 온도로 물을 데워둔 온천탕에 들어가는 마음으로 퇴근을 한다. 시끄러운 아이들은 이미 잠자리에 들었고 아내는 문 앞에서 차가운 음료를 들고 기다린다. 억지로 노력하지 않아도 가정과 리더십은 나란히 공존한다.

남성 관리자는 '남성 관리자' 세미나를 듣지 않아도 된다. 물고기가 수영을 배울 이유가 없듯 남자는 태어나면서부터 리더십을 발휘한다. 하지만 여자는 수영을 할 줄 모르기 때문에 수영 강습이 필요하다. 농담이라고 생각하시는 독자가 계실까 봐 다시 강조하지만 '여성 관리자'는 실제로 존재하는 세미나 제목이다.

뮐러 씨는 잔더를 끝까지 채근하고 괴롭혀 승낙을 받아냈다. 지쳐 탈진한 그의 입에서 결국 "그렇게 하게."라는 말이 튀어나왔다. 뮐러 씨는 성큼성큼 걸어 사장실을 나왔다. 찰랑찰랑 흔들리는 묶은 머리가 강 너머의 사장을 향해 손 인사를 건넸다.

비즈니스 타는 남자,
이코노미 타는 여자

세미나 호텔은 산비탈에 앉은 하얀 건물이었다. 뒤편의 산은 눈으로 덮여 있어서 마치 하얀 왕관으로 잿빛 하늘을 찌르는 것 같았다. 뮐러 씨는 산책을 하며 이 멋진 풍경을 감상했다. 남자 관리자들은 비서가 알아서 다 처리해줬지만 비서가 없는 그녀는 직접 자기 손으로 비행기 표를 끊었다. 당연히 비즈니스석이었다. 예전에 남자였을 때 영업부장 볼프 베어가 그에게 이런 말을 한 적이 있다.

"2등석에 탄 관리자는 2등급 관리자 취급을 받아도 놀라면 안 되는 거야."

그러면서 베어는 회삿돈을 아끼자고 이코노미석만 타고 다니는 여성 관리자들을 한껏 비웃었다.

"비행기가 폭발하지 않고 무사히 땅에 내리기만 해도 좋아서 박수를 치는 바보들 틈에 앉아 있으면 자기도 바보 취급당한다는 걸 모르는 거지. 한심하게도."

당시만 해도 젊고 순진했던 뮐러 씨는 놀라서 되물었다.

"관리자가 모범적으로 회사 비용을 절감해야 부하 직원들에게도 절감을 요구할 수 있는 것 아닙니까?"

베어는 딱하다는 표정으로 그를 쳐다봤다.

"나라 곳간은 텅텅 비어도 왜 대통령은 전철을 안 타는지 알아? 왜 큰 집에서 사는지 알아?"

"그야 나라를 대표하니까요."

뮐러 씨가 대답했다.

"그럼 관리자는 누구를 대표할까? 그렇지. 자기 회사야. 회사 관리 자가 좁은 이코노미석에 몸을 구겨 넣어야 할 정도로 옹색한 회사."

뮐러 씨는 굴하지 않고 다시 물었다.

"기업이 안에서부터 절약을 해야 고객들에게 더 저렴한 가격으로 상품을 제공할 수 있지 않겠습니까?"

"저렴한 가격?"

베어가 황당하다는 표정으로 눈을 크게 뜨며 물었다.

"한 가지만 명심하게, 뮐러. 롤스로이스를 타본 사람만 롤스로이스 를 팔 수 있어. 자네가 출장을 어떻게 가느냐, 그게 곧 자네가 어떤 사 람인가를 말해준다네."

* * *

뮐러 씨는 고개를 젖히고 어둠에 잠식당하는 설산을 바라봤다. 오늘 오후 비행기 안에서 베어를 한 방 먹였을 때의 장면을 생각하니 절로 웃음이 나왔다.

베어는 언제나 그렇듯 제일 먼저 비행기 안으로 뛰어들었다. 자기가 대장이고 주인이라는 인상을 풍기려는 목적이었다. 그래서 그는 회의 때도 항상 1등으로 회의실에 와 있었다. 밀러 씨가 그의 좌석으로 다가오자 베어가 질겅거리는 동작을 멈추고 부드럽게 말했다.

"밀러 씨, 이따 봅시다."

자린고비 여자 동료가 얌전하게 이코노미석의 "바보들"한테 걸어가리라 생각한 것이다. 하지만 밀러 씨는 걸음을 멈추고 트렁크를 짐칸에 넣으며 대답했다.

"1등급 관리자는 1등석을 타고 가죠. 바보들 틈에 앉아 있으면 바보 취급을 당하거든요."

턱이 껌에 달라붙은 듯 베어의 입이 열리지 않았다. 밀러 씨는 그 틈을 이용해 한마디 더 곁들였다.

"어느 쪽이 진짜 바보인지는 모르겠지만요."

권력 게임의 규칙을 알아야 이긴다

       세미나는 기습 작전이 따로 없었다. 일단 열다섯 명의 참가자가 15분이나 안스가르 자이델을 기다렸다. 뮐러 씨만 빼면 전부 남자였다. 그러다 갑자기 문이 벌컥 열리면서 자이델이 특공대처럼 달려들어 왔다. 불끈 쥔 주먹을 기관총처럼 치켜들고 플립차트스탠드 앞에 걸음을 멈춘 그가 참가자들을 쭉 훑었다.

  인터넷에서 사진을 확인하지 않았더라면 정신병원에서 탈출한 환자라고 생각했을 것이다. 옷 차림새도 두 사람의 몸을 아래위로 분리한 다음 맞바꾼 것 같은 꼴이었다. 아래는 10대처럼 찢어진 청바지를 입고 위는 대기업 회장님도 울고 갈 만큼 갖춰 입었다. 정장 재킷은 물론 하얀 와이셔츠에 소매 단추까지 달았다. 자이델의 눈이 불난 정신병원의 창문 커튼처럼 펄럭거렸다. 그가 열광하는 군중을 향해 연설하는 혁명가처럼 큰소리로 외쳤다.

  "누가 권력자입니까?"

당황한 참가자들의 시선을 받은 그가 다시 물었다.

"누가 권력자입니까? 이 순간 누가 권력자입니까? 여러분입니까, 아니면 나입니까?"

볼프 베어의 턱이 껌에서 떨어졌다.

"자이델 씨, 당신입니다."

"왜 그렇죠?"

"우리가 전부 당신만 쳐다보고 있으니까요. 유명인이고요."

"이분, 아주 좋아요! 그것 말고 또 다른 이유가 있을까요?"

"15분이나 늦었는데도 우리가 집에 안 가고 당신을 기다렸습니다."

베어가 또 대답했다.

"아주 좋아요."

자이델이 여전히 주먹을 치켜들고 큰소리로 외쳤다.

"또 다른 이유는요?"

"당신을 우리가 있는 곳으로 부르지 않고 우리가 이곳까지 왔습니다. 당신에게는 홈경기지만 우리에겐 원정 경기인 셈이죠."

"와! 프로다운 발상이군요. 자, 더 없습니까?"

자이델이 소리쳤다. 오늘은 밝은 회색 바지 정장을 입은 뮐러 씨가 용기를 내 인어 목소리로 말했다.

"당신이 시키는 대로 하고 있으니까요. 당신이 이상한 질문을 해도 정신병원에 전화를 걸지 않고 초등학생처럼 꼬박꼬박 대답을 하고 있잖습니까."

자이델이 의자에 앉은 뮐러 씨에게 말없이 다가왔다. 팔 길이보다 더 가까이 다가온 그가 팔을 앞으로 쭉 내밀었다. 뮐러 씨의 팔에 자이델의 손이 닿았다. 그가 이제 곧 활강할 산비탈을 내려다보는 스키 선수처럼 의자에 앉은 그를 지긋이 내려다봤다. 그런 다음 악수를 청했고, 늑대가 개 목을 물고 늘어지듯 뮐러 씨의 손을 사정없이 흔들어 댔다. 뮐러 씨는 비명을 지르지 않으려고 이를 악물었다.

"성함이……?"

"페트라 뮐러입니다."

뮐러 씨가 대답했다.

"뮐러 씨, 지금껏 세미나에서 그런 식으로 대답한 여성은 처음입니다. 축하드립니다."

그의 칭찬에 뮐러 씨는 키가 20센티미터는 더 자란 듯 으쓱해졌다.

"권력 전문가이시니 제가 부탁을 하나 드리겠습니다. 앞으로 나가셔서 저 플립차트스탠드 뒤로 몸을 숨겨주십시오. 아무도 못 보도록 꽁꽁 숨어야 합니다."

동료들의 부러워하는 시선을 한 몸에 받으며 뮐러 씨가 자리에서 일어나 앞으로 걸어갔고, 숨바꼭질을 하는 아이처럼 스탠드 뒤로 들어가 허리를 굽혔다.

"다리가 보이는데요."

자이델이 외쳤다. 놀란 뮐러 씨는 얼른 오른쪽 다리를 들었다. 고개를 땅에 처박고 잘 숨었다고 믿는 타조처럼 어떻게든 안 보이려고 버둥대는 자기 꼴이 얼마나 우스울지 짐작이 갔다.

"그만!"

자이델이 외쳤다. 뮐러 씨는 다리를 내리고 부끄러워하는 표정으로 앞으로 걸어 나왔다.

"뮐러 씨, 제가 왜 이런 한심한 행동을 해 달라고 부탁했을까요?"

"그걸 원하셨으니까요."

뮐러 씨가 대답했다. 자신의 목에서 나오는 높은음의 목소리가 짜증스러웠다.

"그건 이유가 아니라 명령이죠. 전 뮐러 씨에게 명령을 내릴 권한이 없는 사람입니다. 자, 오늘의 첫 번째 교훈입니다. 절대 남이 원하는 행동을 하지 마라! 이유를 모른다면 더더욱 하지 말아야 한다. 남이 아니라 자신이 원하는 행동을 하라. 알아들으셨습니까, 뮐러 씨?"

충격으로 몸이 굳었던 남자들이 히죽 웃었다. 자이델이 어두운 표정으로 참가자들을 쳐다보며 소리쳤다.

"조용!"

모두 다시 입을 다물었다.

"제가 지금 왜 조용히 하라고 했을까요?"

그가 물었다.

"우리가 이유도 모르고 남이 시키는 대로 하고 있다는 것을 보여주기 위해서입니다."

볼프 베어가 대답했다. 자이델이 고개를 끄덕였다.

* * *

자이델이 지금까지의 자기 행동에 대해 조목조목 설명하기 시작했다.

"먼저 저는 여러분을 기다리게 했습니다. 그래서 제가 여러분보다 높은 위치를 차지했습니다. 왜 회장이나 왕을 만나기 힘든지 아십니까? 그렇게 해서 자신의 권위를 뽐내려는 겁니다."

뮐러 씨는 악셀 슈미트를 떠올렸다. 슈미트가 며칠 전에 똑같은 식으로 이유 없이 그를 기다리게 만들었다.

"그다음으로 저는 들어오자마자 여러분의 관심을 한 몸에 받았습니다. 어떻게 했을까요?"

"미친 사람처럼 행동했죠."

악셀 슈미트가 대답했다.

"그게 아니죠. 저의 비결은 '정보 선점'입니다. 여러분은 저를 보며 계속 궁금했을 겁니다. 저게 뭐하는 짓이지? 그래서 여러분은 내 입만 쳐다봤을 겁니다. 하지만 저는 그 이유를 알았죠. 권력을 가지려면 남보다 많이 알아야 합니다. 정식 경로 외에도 많은 정보원이 필요해요."

그러면서 그는 뮐러 씨를 가리켰다.

"뮐러 씨? 우리 사이에 무슨 일이 있었죠? 먼저 당신은 멋진 대답을 했습니다. 그래서 내가 당신에게 다가갔죠. 아주 가까이 다가가 당신의 구역을 침범함으로써 나의 지위를 높였습니다. 그다음 당신의 팔을 건드렸습니다. 마치 제가 후견인인 것처럼요. 연구 결과를 보면 그런 신체 접촉 뒤엔 당신이 제게 호의를 느껴 시키는 대로 할 확률이 매우 높아진다고 합니다."[7]

뮐러 씨는 어이가 없었다. 자기도 모르는 사이 무슨 일이 일어났던 걸까? 하지만 그것이 끝이 아니었다. 자이델은 말했다.

"저는 당신의 손을 잡고 세차게 흔들어 내가 강자고 적극적인 사람임을 과시했습니다. 당신은 당연히 약자가 되고 수동적인 사람이 되었죠. 그리고 당신의 대답이 훌륭하다며 칭찬을 했습니다. 칭찬은 특히 여성들에게 잘 먹힙니다. 그 한마디 칭찬이면 당신은 저를 위해 불구덩이라도 뛰어들 각오를 다지게 됩니다. 그래서 스탠드 뒤로 들어가서 두루미처럼 서 있었던 겁니다."

자이델의 눈동자에서 펄럭이던 불꽃이 잦아들었다. 미친 사람 같던 그가 이제는 엄청난 능력자처럼 보였다.

"제가 왜 하필 당신을 선택한 줄 아십니까?"

그가 잠깐 대답을 기다렸다 다시 입을 열었다.

"여성들은 오직 사실만 바라보는 부지런한 일벌들입니다. 권력 게임에는 아무 관심이 없죠. 그게 문제입니다. 지금도 기업 경영은 남성의 영역입니다. 라이벌 게임이 판치는 곳이죠. 남자들은 많을 때는 매일 200번까지도 라이벌 게임을 치릅니다. 이기기 위해 열심히 게임 규칙을 공부하겠죠."[8]

그가 뮐러 씨를 다정하게 바라봤다.

"당신 같은 여성들에게 제가 아는 권력 게임의 규칙을 더 많이 알려드리고 싶습니다. 지금보다 훨씬 더 많이요. 하지만 기업들이 여성을 제게 보내지 않습니다. 그게 문제죠."

"남자는 높은 지위를 좋아합니다.
그래서 길을 잘 못 묻죠."

다음날 아침, 뮐러 씨는 8시 20분에 세미나실로 들어섰다. 그러나 세미나실은 방학을 맞은 교실처럼 썰렁했다. 누군가 창문을 살짝 열어둔 덕분에 어제 스민 남자들의 땀 냄새가 밤새 다 쫓겨나서 공기가 상쾌했다. 10분 있으면 시작할 텐데 다들 어디 있지?

뮐러 씨는 어제 일을 생각했다. 안스가르 자이델은 시간이 갈수록 그에게 호감을 보였다. 오늘은 어떤 모습으로 등장할까?

기대가 컸던 탓일까, 얌전하게 문을 열고 들어오는 자이델을 본 순간 살짝 실망감이 밀려들었다.

"좋은 아침입니다, 뮐러 씨."

그가 인사하며 악수를 청했다.

"어제 하신 말씀 때문에 톡톡히 대가를 치르시는데요."

뮐러 씨가 대답했다.

"네?"

"권력자는 늦게 온다고 하셨잖아요. 다들 권력을 뽐내려나 봐요."

자이델이 손사래를 쳤다.

"어제 너무 마셔서 못 일어났을 겁니다."

"마셔요?"

어제 뮐러 씨는 세미나를 마친 뒤 혼자 잠깐 산책을 하고 바로 잠자리에 들었다.

"그럼 다들 곱게 잤을 거라고 생각하셨어요? 어제 제가 자정에 바에서 나올 때까지 한 사람도 안 빠지고 모여 있던데요."

"사실 저도 갈까 고민했었어요. 하지만 여자다 보니 힘드네요."

"압니다. 하지만 어제 얼마나 많은 명함이 교환됐을 것 같습니까? 아마 많은 사람이 어제 맺은 네트워크를 통해 내년에 새 직장을 구할 겁니다."

뮐러 씨가 자이델을 미심쩍다는 표정으로 쳐다봤다.

"그게 정당하다고 생각하시나요?"

"저는 일기예보를 하는 사람입니다. 날씨를 제 마음대로 바꿀 능력은 없어요. 그리고 지금 저의 기상 레이더가 이런 말을 전하네요. 술자리를 피하면 이 판에서 살아남기 힘들다고요. 남자도 그런데 여자면 더더욱 그렇겠죠."

"그러니까 제가 어제 바에 가는 게 옳았다?"

"당연하죠. 오늘 내내 당신은 남의 잔치에 온 거지 같은 기분이 들 겁니다. 나중에 사람들이 당신한테 전화를 해서 자기 회사에 좋은 자리가 났다고 알려줄 것 같나요? 당연히 어제 사귄 친구들한테 먼저 전화를 하겠죠."

뮐러 씨가 고개를 끄덕였다.

"애당초 명함을 돌리지도 않았으니까요."

그 말을 하고 나니 더욱 기운이 빠졌다. 예전에 남자였을 때는 어디를 가나 자동적으로 명함을 돌렸다. 그런데 여자가 되고 보니 남자들에게 명함을 주는 것이 냅킨에다 끼적댄 전화번호를 건네는 것처럼 뭔가 끈적거리는 느낌으로 다가왔다.

"어제 제가 말한 첫 번째 교훈이 뭐였는지 기억나세요?"

자이델이 물었다.

"남이 원하는 걸 하지 말고 내가 원하는 걸 하라."

뮐러 씨가 대답했다.

"당신이 스스로 왕따가 되고 싶어 한다고 생각하진 않습니다. 다만 여자인 당신이 바에 가면 남자들이 어떻게 생각할까 고민했을 겁니다. 중요한 것은 당신이 원하는 것입니다. 무엇이 당신에게 득이 될까요? 무엇이 당신의 인생과 커리어에 도움이 될까요?"

그 순간 남자들이 우르르 들어왔다. 얼굴은 과음으로 핼쑥했지만 신이 나서 웃고 떠들어대는 것이 10년 못 본 고향 친구를 만난 것 같았다. 다들 아침 뷔페에서 빵과 커피만 낚아채서 왔는지 봉투를 하나씩 들고 있었다. 그 모습을 보니 공항에서 읽은 책이 떠올랐다. 《말을 듣지 않는 남자, 지도를 읽지 못하는 여자》라는 제목의 책에 이런 구절이 있었다.

"고도로 발달한 여성의 감각 기관은 여성의 이른 성숙에 큰 기여를 한다. 여자아이들은 대부분 열일곱 살만 돼도 어른만큼 성숙하지만, 같은 또래의 사내아이들은 수영장에서 친구의 수영복을 끌어내리고 엉덩이에 라이터를 대고 방귀를 뀌어댄다."[9]

정말 그 말대로 남자들은 마흔이 돼도 철이 안 드는 것 같았다. 페터였을 때는 몰랐는데 페트라가 되고 보니 "고도로 발달한 감각 기관" 덕분인지 금방 눈에 띄었다.

* * *

그날 세미나는 아쉬울 정도로 시간이 빨리 갔다. 자이델은 높은 지위와 낮은 지위에 대해 설명했다. 모든 대화에는 우월한 지위와 열등한 지위가 있다는 것이 그의 주장이었다.[10] 예를 들어 길을 묻는 관광객은 낮은 지위고, 대답을 하는 지역 주민은 높은 지위다.

"남성은 높은 지위를 좋아합니다. 그래서 여성과 달리 길을 잘 못 묻죠."

참가자들은 역할을 바꿔가며 여러 상황을 연습했다. 말을 할 때도 빠른 말과 높은 목소리는 낮은 지위를 의미했다. 천천히 쉬어가면서 낮은음으로 말을 하는 쪽이 권력을 장악할 수 있다. 또 자리를 많이 차지하고 안정된 자세로 서 있는 사람, 상대의 팔을 붙잡는 사람, 상대를 오래 쳐다보거나 (벌을 주기 위해) 의도적으로 눈길을 돌려버리는 쪽이 주도권을 장악한다.

세미나를 마치고 헤어질 때 남자들은 오랜 친구들 같아 보였다. 서로 포옹을 하기도 했고 다음에 만날 약속을 잡기도 했다. 뮐러 씨만 세미나실에 남았다. 자이델과 둘이서 이야기를 조금 더 나누고 싶었다. 모두 떠나고 둘만 남자 그가 자이델에게 물었다.

"혹시 A. 디젤이라는 이름의 커리어 코치를 아세요?"

플립차트를 말고 있던 자이델이 동작을 멈췄다.

"무슨 일로 그러십니까?"

"최근에 그분 글을 한 편 읽었는데 공감 가는 부분이 많아서요. 연락을 드려 상담을 받고 싶은데 인터넷에 아무리 뒤져도 주소가 없더라고요."

자이델이 뮐러 씨가 앉은 탁자 쪽으로 천천히 걸어왔다.

"우리 인연이 보통이 아닌데요. 사실은 제가 디젤입니다. 필명이죠."

뮐러 씨의 눈이 휘둥그레졌다.

"정말 놀라운데요. 한편으로는 마음이 놓이기도 합니다. 선생님이라면 제가 안심하고 질문을 드려도 될 것 같거든요."

"미안하지만 오늘은 안 됩니다. 제가 다음 일정이 있어서요. 제 홈페이지 채팅 방으로 들어오시면 됩니다. 내일 저녁 어떠세요?"

"당연히 되죠."

뮐러 씨가 대답했다.

여성이 경영하면 이윤이 높아진다

뮐러 씨가 노트북을 품에 안고 소파에 앉아서 커리어 코치 안스가르
자이델의 채팅 방으로 들어갔다. 간단히 인사를 나눈 두 사람은 본격
적으로 대화를 이어가기 시작했다.

뮐러 제가 남자라면 직장 생활이 훨씬 쉽지 않겠습니까?
코치 제가 새라면 날아갈 수 있지 않을까요?

뮐러 네?
코치 남자가 되려고 노력해서는 안 됩니다, 뮐러 씨. 지금 우리 사회에
　　　필요한 것은 남자 같은 여자가 아니라 더 여성스러운 노동환경
　　　입니다.

뮐러 남자들을 코치하시면서 남성에 적대적이시네요.
코치 그렇지 않아요. 교통사고 열 건 중 일곱 건은 남성이 내고, 교통
　　　사고 사망자의 73퍼센트는 남성입니다.[11] 남자들이 자신을 과대평
　　　가하고 위험을 과소평가하기 때문이죠. 여성은 그렇지 않아요.

뮐러 하지만 직장 생활은 도로에서 하는 게 아니잖아요.

코치 누가 경제 위기를 일으켰습니까? 파산한 리먼 브라더스의 이사 열한 명은 모두 남자였습니다.[12] 자동차 선호도 투표 조작으로 큰 물의를 일으킨 독일 자동차운전자협회(ADAC)는 또 어떻고요? 회장단과 감사회 서른세 명 중 여성은 단 한 명도 없었습니다.[13] 다임러와 크라이슬러의 그릇된 합병은 10년간 400억 유로의 주식 가치를 날렸습니다.[14] 그 결정을 내린 전 다임러 회장 위르겐 슈렘프도 남자죠.

뮐러 낭만적이지 못한 생각이군요. 여자들이 문제를 일으키지 못하는 것도 애당초 높은 자리에 오르지 못하기 때문은 아닐까요?

코치 프랑스의 경제학 교수 미셸 페라리의 연구 결과를 보면 전혀 그렇지 않습니다. 경제 위기 때 프랑스 최고 기업들을 살펴봤더니 여성 비율이 평균 이상인 기업이 손실도 낮았습니다. 경영진 대부분이 여성인 패션 기업 헤르메스의 주가는 심지어 17퍼센트 올랐습니다. 다른 대기업들이 평균 43퍼센트의 손실을 봤던 시기에 말입니다.[15]

뮐러 그렇다고 여자가 무조건 더 잘한다고 생각해서는 안 되죠.

코치 물론 그건 아닙니다. 하지만 여성이 남성의 약점을 보완할 수 있겠죠. 여성들은 위험을 보다 현실적으로 평가하고, 감성 지능도 뛰어납니다. 자아도취에 빠져 허우적거리는 남성들과 달리 문제

자체를 직시하죠. 두 다리로 걸어야 잘 걸을 수 있듯이 기업도 여성과 남성이 함께 이끌어야 안전하게 나아갈 수 있습니다.

뮐러 하지만 도전하지 못하면 승리하지 못한다고들 합니다. 인간관계 지능과 위기관리만으로는 돈을 벌 수 없으니까요.

코치 대신 여성은 뛰어난 지능으로 이윤을 창출하죠. 경영진에 여성 비율이 높은 회사가 훨씬 높은 이윤을 올립니다. 미국에서 나온 연구 결과를 보면 이윤이 53퍼센트 더 높다고 합니다. 유럽에서 나온 연구 결과에서는 48퍼센트 더 높다고 하고요.[16]

뮐러 말은 그렇게 하지만 막상 코치님도 세미나에서는 남성적인 행동 방식을 가르치시잖아요.

코치 미하일 고르바초프가 어떻게 소련을 개혁했는지 아세요? 제일 꼭대기에 올라갈 때까지 꾹 참고 시스템의 언어를 사용한 덕분입니다. 그래서 꼭대기에 올랐고, 거기서 개혁을 시작한 거죠.

뮐러 무슨 뜻인가요?

코치 최고 경영자가 되려면 시스템에 동화해야 한다는 뜻입니다. 꼭대기에 올라야 시스템을 바꿀 수 있어요. 여성 커리어 전문가 바바라 슈나이더의 말마따나 "비행기를 납치하려면 일단 비행기를 타야 합니다."[17]

뮐러 남자들의 게임에 통 적응할 수가 없다면요?

코치 그럼 불이익을 당해야겠죠. 최고 경영진의 모든 자리는 사석에
서 나누어집니다. 대기업 이사 채용 공고를 본 적 있나요? 대부
분의 임원 자리는 비공식적인 접촉으로 채워집니다. 세미나나
바 같은 데서요.

뮐러 남자니까 참 편히 말씀하시는군요. 여자들은 여자라는 이유만으
로 불이익을 정말 많이 당합니다. 술집에서만 그런 게 아니죠.
회의 때도 끝까지 말을 다 해본 적이 거의 없습니다.

코치 듣거나 말거나 계속 하고 싶은 말을 하셨으면 어땠을까요? 상대
가 말을 자르면 다시 그의 말을 자르고 하던 말을 하는 거죠. 그
럼 동료도 깨달을 겁니다. 아하, 이 여자 제법인걸!

뮐러 제가 낸 아이디어도 도둑질당했습니다.

코치 비싼 자전거를 자물쇠도 안 채우고 역 앞에 세워놓지는 않으시
잖습니까. 왜 아이디어에는 안전장치를 하지 않았나요?

뮐러 아이디어에 어떻게 자물쇠를 채워요?

코치 예를 들면 문서로 만들어서 나눠 주는 겁니다. 이름을 진하게 꽉
박아서요. 발표를 할 때도 좌중을 보지 말고 대표에게 직접 말을
하세요. 그리고 무엇보다 동지가 필요합니다. 전투에 혼자 나가
서는 안 되죠. 먼저 병사들을 모집해야 합니다.

뮐러 하지만 관리자 회의에선 여자가 저 하나뿐입니다. 저만 빼고 똘똘 뭉쳐서 한마음 한뜻이고요.

코치 그건 잘못 생각하신 겁니다. 어디에나 경쟁이 있죠. 모든 집단은 소집단으로 나뉘고요. 적의 적은 친구입니다. 물론 누가 적이고 아군인지 알려면 먼저 분위기를 파악하고 로비를 해야겠죠.

뮐러 그 말씀은 맞아요. 하지만 신체적 약점은 제가 보완할 수 있는 게 아니잖아요. 남자들과 마주서면 제가 키가 작으니까 다들 절 내려다봐요.

코치 당신의 자리로 상대를 불러 의자에 앉으라고 권하세요. 그럼 두 가지 장점이 있습니다. 상대는 당신 구역으로 들어온 손님의 위치가 되고, 앉으면 눈높이가 같아지죠. 아니면 아예 당신이 핑계를 대고 자리에서 일어나세요. 그럼 당신이 그를 내려다보는 위치가 되는 거죠.

뮐러 저번에 제가 읽은 글에서 코치님은 직장에는 벽이 있고 그 벽이 여성의 성공을 가로막는다고 하셨습니다. 지금 같은 시대에 어떻게 그런 일이 가능할까요?

코치 잊지 마세요. 불과 얼마 전까지만 해도 우리나라에서 여자가 일을 하려면 남편의 허락을 받아야 했습니다.

뮐러 그래도 요즘엔 많이 나아지지 않았나요?

코치 페이스북의 최고운영책임자 셰릴 센드버그의 경험담이 그 질문의 답이 될 수 있겠네요. 그녀가 뉴욕에 있는 한 투자회사의 시니어 파트너 사무실을 방문했습니다. 맨해튼이 한눈에 내려다보이는 꿈의 공간이었죠. 하지만 시니어 파트너에게 화장실이 어디냐고 묻는 순간, 그 꿈은 산산조각 나고 말았습니다. 그가 여자 화장실이 어딘지 몰랐던 거예요. 지금껏 한 번도 여성이 협상 파트너로 이 사무실에 온 적 없었냐는 질문에 시니어 파트너는 대답했습니다.

"그런 것 같습니다. 아니면 화장실이 어디냐고 물어본 첫 번째 여성이시던가요."[18]

남녀평등 문제에 있어 독일보다 한 발 앞섰다는 미국에서 있었던 일입니다.

뮐러 그럼 이제 갓 학교를 졸업한 여성들의 전망은 어떤가요?

코치 지금도 여자들의 절반이 흔히 말하는 '여성 직종'을 선택합니다. 간호사, 미용사, 비서, 승무원.[19] 연봉이 높은 직종엔 남자들이 훨씬 많습니다.[20]

뮐러 정계의 사정은 좀 낫지 않을까요?

코치 글쎄요. 크게 다르진 않은 것 같네요. 전 세계 197개 국가 중 여성이 정상인 나라가 스물두 곳밖에 안 되니까요.[21] 만일 반대 상황이었다면 남성들이 뭐라고 했을까요?

뮐러 그러니까 남녀평등이 환상이라는 말씀이세요? 인정하고 받아들이라고요?

코치 그게 아니죠. 우리가 남녀평등을 위해 노력하자는 겁니다. 함께 힘을 모으면 반드시 해낼 수 있습니다. 작은 것부터 시작하는 겁니다. 벌써 몇 가지 아이디어가 떠오르는데요. 출발해볼까요?

"내일은 예쁘게 입고 오세요.

그래야 대화가 잘 풀릴 테니까."

3.
나는 회사의
꽃이
아닙니다

～～～～～～～～～～～～～～～～～～～～

"다음 주에 자동차 기업을 방문할 생각입니다. 홍보 책임자 위르겐 엠머리히를 만날 겁니다. 그 자리에 슈미트 씨와 함께 우리 뮐러 씨를 보내고 싶은데요. 아무래도 여자가 있으면 분위기가 부드러울 테니까."

"그러니까 저더러 옆에서 조용히 입 닫고 실실 쪼개다 오라는 말씀이시군요."

"우리 베이비가 왜 이렇게 흥분을 하고 그러실까. 될 수 있는 대로 치마를 입으시면 좋겠어요. 부츠도 나쁘지 않겠네요. 화장도 신경 좀 써주시고. 너무 민감하게 반응하지는 말아요. 그냥 특별한 날엔 옷도 특별해야 하지 않나, 그런 말을 하는 거니까요."

～～～～～～～～～～～～～～～～～～～～

남자였을 땐 느껴본 적 없는
두려움

공포가 차가운 손으로 밀러 씨의 목을 움켜쥐었다. 평소와 똑같은데도 겁이 났다. 그는 서늘한 가을밤에 시내 공원에서 조깅을 하던 중이었다. 기온은 4도까지 떨어졌고 드문드문 늘어선 가로등만이 어두운 공원에 빛을 던졌다. 찬바람이 얼굴을 때렸다. 멀리서 자동차 경적 소리가 들렸다.

밀러 씨는 긴 머리를 질끈 묶고 페터 시절에 쓰던 큰 모자를 푹 눌러 썼다. 스포츠 브라를 비롯한 온갖 기능성 속옷을 껴입었지만 바람이 뼛속까지 들어오는 것만 같았다. 여자가 된 뒤로 추위를 많이 탔다. 남자였을 때는 한겨울에도 침실 창문을 자꾸 열어서 예전 여자 친구 카차를 괴롭게 만들었다. 요새는 히터 옆을 통 떠날 수가 없다. 회의 때는 남자들이 시도 때도 없이 창문을 열어젖혀서 괴로웠다. 없는 살림이지만 지갑을 탈탈 털어 시베리아 비행기 표를 사서 날려버리고 싶은 마음이 굴뚝같았다.

가로등이 없는 어두운 지점에서 추위도 이길 겸 속도를 살짝 높였다. 그 순간, 누가 따라온다는 기분이 들었다. 무거운 발소리가 위협적일만큼 가까이 다가왔다. 등골이 오싹했고 심장이 터질 듯 두근거렸다. 하필이면 가로등이 없는 지점이었다.

남자의 힘찬 숨소리가 가까워졌다. 뮐러 씨는 겁에 질렸다. 남자였을 때는 한 번도 느껴본 적 없는 기분이었다. 그때는 밤에 조깅을 하다가 무슨 일을 당할 수도 있다는 생각을 해본 적이 없었다. 그러나 여자가 되고 보니 정말 당할 수 있는 일이 한두 가지가 아니었다. 그냥 조깅하는 사람이기를, 그 사람이 얼른 앞서 달려가 버리기를 바랐다.

순간 그의 어깨를 붙드는 억센 손길이 느껴졌다. 뮐러 씨는 넘어질 뻔하다가 겨우 중심을 잡고 뒤를 돌았다. 키가 2미터도 넘는 남자가 서 있었다. 뮐러 씨는 어디를 공격해야 효과가 제일 좋은지 누구보다 잘 알았다. 무릎을 굽혀 있는 힘껏 위로 올렸다. 남자가 신음 소리를 내며 비틀대다가 숨을 못 쉬겠는지 털썩 무릎을 꿇었다.

"페트라, 미쳤어?"

남자가 겨우 말했다.

"어머 세상에, 얀!"

"아…… 너무 아파."

"나는 그냥……."

"아무리 생각해도 당신 너무 수상해. 페터가 사라졌어. 당신 무슨 짓을 한 거야?"

"이네스도 사라졌죠. 당신이 이네스를 토막 내서 강에 뿌리지 않았어도 사라졌잖아요."

얀이 숨을 토해냈다. 아파서인지 화가 나서 그런지는 모르겠다.

"내 비밀을 어떻게 알아냈는지 이제야 알겠어. 불쌍한 페터를 고문한 거야. 그렇지 않고서야 이렇게 미주알고주알 다 알 수는 없어."

"페터는 잘 있어요."

"그럼 왜 메일에 답장을 안 해? 전화도 꺼놓고 페터 집에는 당신 혼자 살고?"

아차, 얀의 메일에 답장을 안 보냈구나! 하지만 답을 했으면 만나자고 했을 것이고 핑계를 대기가 곤란했을 것이다.

"페터는 잘 있어요."

뮐러 씨가 또 말했다. 얀이 끙, 신음을 토하며 일어나 뮐러 씨에게로 다가왔다.

"페터를 데려와요. 안 그러면 가만 안 있을 거야. 페터가 안 나타나면 당신도 여기 못 있어. 감옥에 보내버릴 테니까."

얀이 휙 돌아서 몇 미터 달리다가 다시 푹 주저앉았다. 친구가 안쓰러웠다. 제일 친한 친구에게, 자신의 안위를 저렇게나 걱정하는 친구에게 이중으로 상처를 주다니 너무나 미안했다. 걷어차서 상처를 주고, 변신해서 상처를 줬으니.

"아무래도 여자가 있으면
분위기가 부드럽겠죠?"

뮐러 씨는 다시 자료를 검토했다. 슈미트, 잔더와 셋이 회의를 할 예정이었다. 아이스브레이크 광고를 제작해야 하는데 아직 한 가지 문제가 해결되지 않았다. 돈을 댈 멍청이를 찾지 못한 것이다. 언제나 그랬듯 이번에도 자동차 대기업이 그 멍청이 역할을 해줄 것이다. 왜? 타이어 광고에 그 기업의 자동차를 써줄 것이기 때문이다. 물론 타이어를 자동차에 달아야지 손수레에 매달겠냐마는, 그런 영업 비밀은 광고 파트너에게는 절대 비밀에 부쳐야 한다.

광고 비용은 반으로 줄지만 광고 효과는 그대로다. 나아가 그런 광고는 유명 기업의 자동차라도 이런 뛰어난 타이어를 달지 않으면 굴러가지 않는다는 인상을 소비자에게 전달한다. 고인이 된 창업주, 현 사장의 아버지는 그런 협력 관계를 통해 기업을 시장의 선두주자로 키워냈다.

뮐러 씨가 회의실로 들어가니 잔더와 슈미트가 머리를 맞대고 쑥

떡대고 있었다. 날이 흐려 그런지 회의실에는 불이 환했다.

"들어오세요, 뮐러 씨."

벌써 들어와 있는 뮐러 씨를 보고 슈미트가 정말 하나마나한 말을 했다. 저것도 권력 게임인가? 나를 자기가 오라 가라 할 수 있는 아랫 사람으로 취급하겠다는 건가?

"잠깐만, 앉기 전에 커피 좀 줄래요? 저기 뒤에 커피 머신 있는데."

잔더가 말했다. 뮐러 씨는 어이가 없었다. 여자가 된 다음부터 걸 핏하면 이런 식의 주문을 받았다. 이마에 '셀프 서비스'라는 글자라도 붙이고 다녀야 할 판이었다.

"저는 커피 생각이 없어서요."

뮐러 씨가 긴 치마 때문에 조심조심 의자에 앉으며 대답했다.

"그럼 우리 부장님이 좀."

잔더의 말이 떨어지자마자 슈미트가 벌떡 일어나 커피 주전자를 들고 와서 미소를 지으며 잔더의 잔과 자신의 잔에 커피를 따랐다.

"생각이 바뀌었어요. 저도 한잔 주세요."

뮐러 씨가 앞에 놓인 잔을 슬쩍 밀었다. 슈미트가 도끼 살인범 같은 표정으로 마지못해 커피를 따랐다. 절반만.

"뮐러 씨."

잔더가 입을 열었다.

"다음 주에 자동차 기업 VG를 방문할 생각입니다. 홍보 책임자 위르겐 엠머리히를 만날 겁니다."

위르겐 엠머리히라면 뮐러 씨도 잘 알았다. 얼굴에 철판을 간 50대 남자로, 협력사들이 그를 꿀벌이 여왕벌 살피듯 깍듯이 모셨다. 그가 워낙 자기 기분에 따라 회삿돈을 뿌리기 때문에 협력사들이 시찰 명 목으로 그에게 해외여행도 시켜주고 '시제품'도 넉넉히 보내서 그의 아내가 온라인 중고 거래로 엄청난 돈을 번다는 소문도 돌았다. 무엇 보다 술과 여자는 빼놓을 수 없는 '진상품'이어서 특히 기분 좋은 밤 을 보내고 나면 그가 구름을 탄 듯 황홀한 표정으로 협상 테이블로 날 아와 어제까지 트집을 잡던 계약서에도 서명을 휙 갈긴다고 했다.

"그 자리에 슈미트 씨와 함께 우리 뮐러 씨를 보내고 싶은데요. 아 무래도 여자가 있으면 분위기가 부드러울 테니까."

"그러니까 저더러 옆에서 조용히 입 닫고 실실 쪼개다 오라는 말씀 이시군요."

잔더가 당황해 눈을 동그랗게 떴다.

"내가 언제 입 닫고 있으라고 했나……."

"분위기를 부드럽게 만들라면서요."

슈미트가 옆에서 아버지 같은 말투로 끼어들었다.

"아니. 우리 베이비가 왜 이렇게 흥분을 하고 그러실까. 조금 전에 사장님하고 마케팅 책임자로 뮐러 씨를 뽑아서 얼마나 다행이냐 그런 이야기를 하고 있었는데. 뮐러 씨 전임자는 오래 근무했어도 실적이 영 별로였거든요."

전임자? 페터? 자신의 험담을 들으니 피가 거꾸로 솟았다.

"작년에 제일 성공한 광고 문구도 그분 작품이라고 들었는데요? '타이어를 굴려라. 세상을 굴려라.' 그거 맞죠?"

"그거 다 헛소문이니까 신경 쓰지 말아요."

"슈미트 씨가 공을 가로채려고 해서 다툼이 있었다더군요."

밀러 씨가 슈미트랑 결정적으로 사이가 안 좋아진 것도 바로 그 일 때문이었다. 슈미트가 입을 쩍 벌렸다.

"아니. 그건 어디서?"

"인정하시는군요."

"하하하. 우리 베이비가 오늘따라 왜 이렇게 까칠하실까? 오늘 회의는 그런 이야기를 하자고 모인 게 아닌데."

슈미트가 웃으며 슬쩍 말을 돌렸다. 다시 피가 끓었다. 슈미트가 또 그를 "베이비"라고 불렀기 때문이다. 의도는 뻔했다. 그를 동등한 동료가 아니라 남자들의 잔칫상을 장식하는 고명 취급한다는 것이었다. 시키는 대로 커피나 따르고 박수나 치고 웃어주는 고명. 그냥 못 들은 척 무시하는 것이 나을까? 괜히 지적했다가 더 심한 공격을 받으면 어쩌지? 아니. 묵묵히 참아주면 더 심하게 무시하지 않을까?

* * *

"자, 본론으로 들어갑시다."

잔더가 끼어들었다. 밀러 씨는 젖 먹던 힘까지 짜내 용기를 냈다. 그리고 두 사람을 향해 공격을 날렸다.

"네, 우리 남성분들. 제가 어떻게 하면 좋을까요?"

두 사람이 고개를 들고 그녀를 쳐다봤다. 밀러 씨는 슈미트를 쳐다보며 다시 물었다.

"베이비, 말씀을 하셔야죠."

"하하하. 농담을 잘하시네, 우리 마케팅 디렉터께서."

슈미트가 웃으며 머리 뒤로 팔을 돌려 깍지를 꼈다.

"농담은 부장님께서 먼저 하셨죠. 절 베이비라고 부르셨잖아요. 그래서 저도 한번 따라해봤어요."

슈미트가 팔을 내렸다.

"우리가 바라는 것은 VG에 가실 때 신경을 좀 쓰셨으면 하는 겁니다. 무슨 말인지 알아들으셨죠?"

슈미트는 '우리'라는 말로 자신과 사장이 한 묶음이라는 인상을 풍기려고 했다.

"못 알아듣겠는데요."

뮐러 씨가 대답했다.

"될 수 있는 대로 치마를 입으시면 좋겠어요. 부츠도 나쁘지 않겠네요. 화장도 신경 좀 써주시고. 아무래도 그래야 대화가 잘 풀릴 테니까요."

"제가 지금 어디서 일하죠?"

"타이어 회사죠. 너무 민감하게 반응하지는 말아요. 그냥 특별한 날엔 옷도 특별해야 하지 않나, 그런 말을 하는 거니까요."

"좋아요, 부츠. 그럼 부장님도 부츠 신고 오시겠네요. 우리 장화 신은 고양이 남매 한번 돼봅시다."

눈으로
옷을 벗기다

　복사기가 덜덜거리며 종이를 뱉어냈다. 밀러 씨는 입사하면서 절대로 자기 손으로는 복사하지 않겠다고 다짐했다. 하지만 오늘은 복사기 옆이 남쪽 나라의 해변보다, 눈 덮인 벌판보다 아름답고 행복한 장소였다. 뭘 복사했냐고? 비밀이다. 직접 복사를 해야 할 정도의 특급 비밀. 지난밤에 기가 막힌 아이디어가 떠올랐다. 노벨 마케팅 광고상이 있다면 따놓은 당상이었다.

　잔더 주식회사는 창립 125주년을 앞둔 역사와 전통을 자랑하는 타이어 회사다. 그 긴 세월 동안 자전거, 비행기, 자동차 타이어를 생산하며 타이어 시장을 주름잡았다. 하지만 타이어 업계도 세상의 변화와 무관하지 않아서 노인 공경은 먼 옛날이야기가 됐다. 신생 업체들이 시장을 잠식했고, 무엇보다 가격 면에서 도저히 경쟁이 되지 않을 정도로 값싼 저개발국 제품들이 쏟아져 들어왔다. 이런 상황에서 잔더가 내세울 수 있는 것은 전통과 안전성이었다. 보통 그런 식의 광고는 광고 문구가 성패를 좌우한다. 총알처럼 날아가 사람들의 귀와 머리에 제대로 박혀야 한다.

뮐러 씨는 복사된 종이를 집어 보물처럼 품에 안고 복사실을 나왔다. 그가 생각한 광고 문구는 '더 오래, 더 안전하게. 잔더!'다. 그리고 광고 내용은 이랬다. 말하는 자동차들이 타이어의 품질에 대해 토론한다. 그리고 마침내 잔더의 타이어가 제일 안전하고 성능이 뛰어나다는 결론에 도달한다. 그래서 옆에서 사람들이 다른 타이어를 끼우려고 하면 자동차 보닛이 벌컥 열리면서 그 타이어를 달로 쏘아 보낸다. 타이어가 핑 하고 날아간 곳에는 이미 엄청난 양의 타이어가 무더기로 쌓여 있다(그중에는 경쟁사 로고가 찍힌 타이어도 있다. 하지만 이 부분은 혹시 법에 저촉되지는 않는지 회사 법무부와 의논해봐야 할 것 같다).

지난번 아이스브레이크 광고 회의 때 뮐러 씨는 단단히 교훈을 얻었다. 마침 안스가르 자이델의 충고도 있고 해서 이번에는 아이디어 자전거를 자물쇠도 안 채우고 회의실에 방치하는 실수를 절대 반복하지 말자고 결심했다. 자신의 이름이 진하게 박힌 전략적 자료로 선수를 칠 생각이었다.

* * *

뮐러 씨가 생각에 잠겨 복도를 걷는데 누가 앞을 막아섰다.

"오, 어디서 빛이 비치나 했더니 마케팅부장님이십니다."

최고의 실적으로 이름을 날리는 영업부의 스타, 영업부장 베어의 오른팔 카르스텐 쾨프케였다. 원하는 것은 반드시 손에 넣고 말겠다는 표정의 30대 초반 남자가 뮐러 씨를 향해 걸어왔다.

"이런 미인이 혼자 다니시다니."

"왜? 경호원이라도 붙여주시려고?"

"제가 굳이 안 그래도 남자들이 떼로 따라다닐 것 같은데요."

자기 말을 강조하려는 듯 그의 눈길이 신체 부위 한 곳을 향했다. 뇌가 바지 속에 있는 인간이 눈으로 옷을 벗기겠다는 듯 자꾸 힐끔대는 꼴이 정말 재수 없었다. 뮐러 씨는 하도 어이가 없어서 아무 대꾸도 못 하고 멍한 표정만 지었다.

"너무 겸손하시네. 이 정도 칭찬에 그렇게 놀라시다니. 아직 결혼을 못 하신 게 도저히 이해가 안 됩니다. 남자들이 눈이 삐었죠."

뮐러 씨가 미혼이라는 사실은 또 어떻게 알았을까? 소문이 그렇게 빠른가? 그러니까 저 자식의 말은 뮐러 씨가 죽을 둥 살 둥 남자를 찾아다니는데도 한 놈도 안 걸려들어서 아주 죽을 맛이다?

대부분 결혼을 안 한 남자를 보면 결혼을 원치 않는다고 생각한다. '독신주의자'여서 결혼 계획이 없다고 생각한다. 하지만 결혼하지 않은 여자를 보면 남자들에게 외면당한 '불쌍한 노처녀'라고 생각한다.

"소녀처럼 얼굴이 빨개지셨네. 아이고, 어쩜 이리 귀여우실까."

그가 환하게 웃으며 다가왔다. 시선은 여전히 뮐러 씨의 가슴에 멈춰 있었다.

"이게 요즘 유행하는 캐시미어인가요?"

그가 속이 뻔한 질문을 던지며 손을 앞으로 뻗어 뮐러 씨의 팔을 잡더니 엄지손가락으로 스웨터를 밀었다. 무릎이 후들거렸다. 지난번

얀 때는 살짝 빗나갔지만 이번에는 정통으로 꽂을 수 있을 것 같았다.

여자가 된 뒤로 무슨 마법에라도 걸린 것처럼 남자들이 걸핏하면 그에게 손을 뻗었다. 악수를 할 때는 그녀의 손을 만두소로 쓸 생각인지 솥뚜껑 같은 손을 포개 그녀의 손을 부여잡았다. 회의 때도 자기 말을 강조하겠다는 듯 아빠처럼 팔을 잡았고, 사람이 많은 곳에서는 고의인지 실수인지 신체 접촉도 잦았다.

캐시미어 울 전문가 쾨프케는 여전히 테스트 중이었다. 이만하면 많이 참았다. 뮐러 씨의 다리가 꿈틀했다. 이번에는 제대로 갈기리라!

"마케팅 디렉터님, 저 잠깐만요."

뒤에서 슈미트의 비서 노이어가 그를 불렀다. 뮐러 씨의 다리에 힘이 풀렸다. 쾨프케가 훼방꾼 때문에 막 잡은 먹이를 먹지 못하게 된 맹수처럼 노이어를 째려봤다.

"그럼 저는 이만."

"다음엔 제대로 한번 만나봅시다."

뮐러 씨가 이를 앙다물고 말했다. 쾨프케가 말뜻도 모르고 히죽 웃으며 엄지를 척 올렸다.

"정말 최고십니다."

팔 한번 만졌다고 무슨 고향 친구처럼 다정하게 굴었다.

'멍청한 놈!'

뮐러 씨는 속으로 생각했다. 노이어가 자기 사무실 문 앞에서 기다렸다. 보아하니 추근대는 쾨프케를 보고 화가 단단히 난 것 같았다.

적을 내 편으로
돌려세우는 법

아직 고속도로에 진입하지도 않았는데 자동차 속도계가 벌써 130을 가리켰다. 고속도로에 들어서자마자 숫자는 금방 180으로 치솟았다. 악셀 슈미트는 입술이 하얗게 되도록 입을 앙다물고 차선을 쉼 없이 바꾸며 속도를 높였다. 밀러 씨도 만만치 않은 속도광이었지만 너무 정신이 없어서 손톱으로 조수석 의자를 꽉 눌렀다. 안스가르 자이델이 말하지 않았던가. 치명적 교통사고의 70퍼센트는 남자가 일으킨다고.

"얼굴이 핼쑥하네. 무서워요?"

슈미트가 앞만 뚫어져라 쳐다보며 물었다.

"이렇게 느리게 가다가 혹시 약속시간에 늦으면 어쩌나 무섭죠."

"하하하. 걱정은 접어두시고."

"무슨 화나는 일 있나 봐요? 왜 이렇게 차를 급히 몰아요? 혹시 아이스브레이크 광고 때문에 그래요? 내 아이디어가 채택돼서?"

뮐러 씨가 비아냥거렸다. 슈미트가 주먹으로 경적을 치며 욕했다.

"굼벵이 같은 놈! 썩 비켜!"

* * *

뮐러 씨는 속으로 웃었다. 미리 잔더를 만나 아이디어를 설명한 그의 작전이 통했던 것이다. 그러나 아무리 천재적인 아이디어도 잔더에게는 장님 두더지 앞의 불꽃놀이와 다를 것 없으므로 뮐러 씨는 꾀를 하나 더 냈다. 광고 아이디어를 설명한 뒤 이렇게 덧붙인 것이다.

"아버님이라면 이 아이디어에 대해 뭐라고 말씀하셨을까요?"

그 말을 듣고서야 끊어졌던 생각의 전선이 다시 연결된 것처럼 잔더가 머뭇머뭇 대답했다.

"글쎄, 마음에 든다고 하셨겠네요. 이런 급진적인 아이디어를 좋아하셨으니까."

"아버님이시라면 어떤 부분을 손보셨을까요?"

"경쟁사 타이어를 달보다 멀리, 화성까지 던져버리지 않았을까요?"

"화성까지! 정말 대단하군요."

환하게 웃는 잔더를 보며 뮐러 씨도 미소를 머금었다.

"말씀하신대로 수정하겠습니다. 아버님 뜻대로. 그렇게 바꾸니까 우리 아이디어가 훨씬 빛을 발하네요."

우리 아이디어! 아버지의 뜻! 만세, 만세! 뮐러 씨의 이런 말들은 잔더에게 자신이 광고 안에 매우 중요한 기여를 했다는 착각을 불러일으켰다. 나머지는 식은 죽 먹기였다. 뮐러 씨는 슈미트의 적들을 자기편으로 끌어모았다. 잔더에게 이미 허락을 받은 광고 안을 비밀리에 그들에게 풀었다. 그리고 회의 때 공식적으로 발표했다.

"사장님과 제가 오랫동안 머리를 맞대고 고민한 결과 새 지평을 열어줄 대단한 광고 안을 만들었습니다."

발표 내내 사장과 시선을 교환하며 연신 고개를 끄덕였다. 경쟁사의 타이어를 어디로 날려버릴 것인지는 사장님의 입을 통해 듣자고 제안했다. 잔더는 환한 미소를 지으며 "화성."이라고 대답했다.

나머지 사람들은 뮐러 씨의 예상대로 반응했다. 입이 마르도록 칭찬을 쏟아낸 것이다. 사장의 아이디어라는데 어쩔 것인가. 뮐러 씨가 같은 배에 올라 방향키를 잡았지만 그쯤은 다들 기꺼이 감수했다.

이렇게 뮐러 씨의 광고 안은 무사히 안착했다. 그날 모인 사람들은 슈미트의 '스마트폰 어린이' 광고 안을 버리고 뮐러 씨의 것을 채택하기로 결정했다. 악셀 슈미트도 자기 안을 고집할 수 없었다.

"화성은 정말 대단한 아이디어입니다."

그가 사장에게 부드러운 눈길을 던지며 아부를 했다.

"경쟁사들을 화성까지 날려보내겠다! 우리 사원들에게도 동기부여가 될 테고요."

악셀 슈미트가 급브레이크를 밟았다. 뮐러 씨는 어깨를 문질렀다. 자동차 회사 VG의 웅장한 유리 건물이 오후 햇살에 빛을 뿜으며 하늘을 향해 고개를 쳐들고 있었다.

중요한 회의였다. 위르겐 엠머리히를 만나야 할 시간이었다.

농담의 탈을 쓴
성희롱에 대하여

엠머리히는 악수를 하려고 내민 뮐러 씨의 손을 두 손으로 맞잡고 한참 동안 놓아주지 않았다. 안부를 묻고 날씨를 들먹이며 인사를 하는 내내 손을 잡고 있었다. 마침내 그가 손을 놓으며 물었다.

"이거 귀한 손님께 뭘 드려야 하나?"

길 잃은 아이처럼 멍청하게 서 있던 슈미트가 번쩍 정신을 차리고 끼어들었다.

"저는 저번에 마셨던 그 차를 주시고, 우리 뮐러 씨에겐 커피 한잔. 그렇지?"

아하, 또 아빠 노릇을 하시겠다고? 내가 말도 못 하는 두 살배기 딸이어서 아빠가 주문도 대신해주시고?

"아니요. 저도 차 주세요."

사실은 커피나 한잔했으면 싶었지만 오기가 나서 차를 시켰다. 엠머리히가 손님들에게 대접하는 차에 대해서는 뮐러 씨도 잘 알고 있었다. 위스키를 살짝 넣어서 풍미를 돋운 술 차였다.

엠머리히가 세차게 박수를 두 번 쳤다. 문이 열리고 젊은 여자가 공손한 자세로 들어왔다. 치마가 짧아 다리가 훤했다.

"네. 부르셨습니까?"

"차 세 잔 줘요."

엠머리히가 시선을 뮐러 씨에게 고정한 채 말했다. 문이 닫혔다.

"비서를 그런 식으로 부르시나 보죠?"

뮐러 씨가 물었다.

"이렇게 특별한 손님이 오시는 날엔 그렇죠. 제일 빠르니까요."

엠머리히가 큰소리로 웃었다. 담배와 술에 찌든 얼굴이 양피지 같았다. 그가 사거리 교통경찰처럼 팔을 꺾어 소파로 가는 길을 안내했다. 뮐러 씨는 2인용 소파에 엠머리히와 같이 앉았고, 맞은편에는 슈미트가 자리를 잡았다.

슈미트는 궁금하다는 표정을 지으며 엠머리히에게 지난번 휴가가 어땠냐고 물었다. 아마 요즘 제일 잘 먹히는 윤활유가 어떤 것인지 알고 싶었을 것이다. 엠머리히는 꿈같았던 여행 이야기를 늘어놓기 시작했다. 물론 또 어느 협력사의 '협력' 덕에 다녀온 휴가였을 것이다.

젊은 비서가 방으로 들어와 얌전하게 차를 내려놓고 다시 나갔다.

"자, 드시죠."

엠머리히가 한 번에 찻잔을 비웠다. 그가 다시 손뼉을 치니까 비서가 들어와서 빈 잔을 채우고 나갔다.

"비서가 참 괜찮네요."

슈미트가 고개를 끄덕이며 말했다.

"스물넷."

엠머리히가 대답했다.

"결혼했나요?"

엠머리히가 자기 손가락의 커다란 금반지를 쳐다보며 말했다.

"당연히 안 했죠."

양초처럼 허리를 곧추세우고 앉아 있던 슈미트가 엠머리히 쪽으로 허리를 굽히며 말했다.

"저도 얼마 전에 회사의 배려로 개인 비서를 두게 됐거든요."

"쉰다섯."

뮐러 씨가 말했다. 슈미트가 화들짝 놀라며 뮐러 씨를 째려봤다.

"쉰다섯? 정말이요?"

자기도 50대 후반이면서 엠머리히가 큰소리로 웃었다.

"사실은 묵은둥이죠. 동료가 퇴사하면서 저한테 왔으니까요."

목이 탔던 뮐러 씨가 차를 비웠다. 그 모습을 본 엠머리히가 다시 박수를 쳤고, 다시 비서가 들어와서 찻잔을 채워주고 사라졌다.

문득 궁금했다. 비서가 여자여야 한다는 규정이 어디에 있을까? 커피를 끓이고 차를 나르고 찻잔을 씻는 일이 반드시 여자의 일이라고 노동법에 적혀 있기라도 하나? 50대 후반의 여성 관리자가 스물네 살짜리 보송보송한 청년을 비서로 고용해 짧은 바지를 입게 한 뒤 손뼉을 쳐서 불러 차를 나르게 한다면 어떨까?

남녀평등을 외치는 정치인들은 어떻게 할까? 남자 비서가 끓여주는 커피를 마실까? 뮐러 씨는 자신의 생각에 놀라 멈칫했다. 왜 비서라는 말에 '남자'라는 수식어를 붙인 것일까? 마치 비서는 당연히 여자여야 하는 것처럼.

뮐러 씨는 노이어를 반드시 되찾을 것이며 그 뒤엔 그녀를 보조할 젊은 남자 비서를 뽑아서 그녀를 돕게 하겠다고 다짐했다. 뭐 꼭 잘생길 필요야 없겠지만 잘생겨서 안 될 이유는 또 뭐란 말인가?

* * *

찻잔을 손에 든 엠머리히가 평소처럼 슬슬 농담을 시작했다.

"요즘 유행하는 농담이라던데 우리 뮐러 씨도 한번 들어봐요."

그 말을 하면서 그가 슬쩍 뮐러 씨의 손목을 잡았다 놓았다.

"왜 여자는 스키를 못 탈까요?"

"글쎄요."

슈미트가 정말 궁금하다는 표정으로 대답했다.

"부엌에는 눈이 안 내리니까."

엠머리히가 큰소리로 웃었고 슈미트도 킥킥거렸다. 뮐러 씨는 어이가 없었지만 한심해하는 표정을 들키지 않으려고 고개를 돌렸다.

"이건 어때요? 아내가 갑자기 생식을 하자고 한다. 이유가 뭘까요?"

"다이어트?"

"밥하기 싫어서."

그가 다시 방 안이 쩌렁쩌렁 울릴 만큼 큰소리로 웃었다. 그러면서 연신 뮐러 씨를 흘깃거렸다. 열두 살 남자아이가 담배를 피우면서 자신의 용감한 행동에 감동을 받았는지 확인하기 위해 옆에 있는 여자아이를 흘깃거리는 꼴이었다.

"마지막으로 하나 더. 긴 치마와 짧은 치마의 차이가 무엇일까요?"

슈미트가 모르겠다는 뜻으로 고개를 갸웃했다.

"실행 시간!"

개 짖는 소리 같은 엠머리히의 웃음소리가 슈미트의 킥킥대는 소리와 어우러져 귀를 괴롭혔다. 뮐러 씨는 차를 그 낯짝에 확 끼얹고 싶은 마음을 간신히 참았다.

"저도 농담 하나 할까요?"

뮐러 씨가 엠머리히를 보며 말했다.

"아, 당연히 환영이죠. 좋은 건 나눠야 제 맛이지."

"잠깐 일어서서 저랑 같이 가셔야 하는데."

"아름다운 여성분이 부르신다면 언제 어디든 달려갑니다."

뮐러 씨가 사무실 안쪽 세면대 쪽으로 걸어갔다. 엠머리히가 소파에서 몸을 일으켜 뮐러 씨를 따라갔다. 뮐러 씨가 세면대 거울 앞에서서 엠머리히에게 곁으로 와서 거울을 보라고 부탁했다. 엠머리히가 따라와 거울을 쳐다봤다.

"이게 무슨 농담?"

"안 보이세요? 유치한 농담이 앞에 서 있을 텐데."

뮐러 씨가 대꾸했다. 이번에는 엠머리히도 웃지 않았다.

똑같은 무기로 공격하라

뮐러 씨는 소파에 앉아서 노트북을 켜고 커리어 코치 안스가르 자이델의 채팅 방으로 들어갔다. 급하게 물어볼 말이 있었다. 그사이 많은 일이 있었고, 그에 대한 자이델의 의견이 궁금했다.

뮐러 저번에 가르쳐주신 대로 했더니 효과가 대단하던데요.
코치 오, 그래요?

뮐러 제가 만든 광고 안을 통과시켰거든요. 말씀하신 대로 제 이름을 진한 글자로 적어 자료를 만들고 사장을 한배에 태우고 회의 전에 몇 사람과 비공식적인 접촉을 가졌더니 무사통과!
코치 축하드립니다.

뮐러 협력사 담당 부장을 거울 앞으로 데려가서 망신을 줬는데도요? 그것도 축하한다고 하실 텐가요?
코치 중요한 건 왜 그런 짓을 했는가, 이유죠.

뮐러 여자를 들먹이며 싸구려 농담을 늘어놓잖아요. 부엌이 어쩌고 짧은 치마가 어쩌고 하면서. 정말 수준이 낮아서 어디 참고 들어 줄 수가 있어야죠. 그래서 한 방 먹였어요.

코치 상대도 잘 알아들었을 겁니다.

뮐러 웃지 않더라고요. 저질 농담도 딱 그만하고. 기분은 더러운데 내 색을 안 하려고 아주 용을 쓰더라고요. 심지어 계약서에 서명도 했어요.

코치 정말 잘했어요. 소통의 최우선 원칙이 바로 그거예요. 공격당 했을 땐 똑같은 무기로 공격하라! 여성들이 많이 저지르는 실 수 중 하나가 저급한 공격에 너무 높은 수준으로 대응하는 겁니 다.[22] 시끄럽게 짖는 개한테 소음 방지법 규정을 읽어주는 것과 같아요. 효과가 없죠.

뮐러 사실 차에 술이 조금 들어가서 취기가 살짝 돌기도 했죠.

코치 술과 친한 사람이 술을 전혀 못하는 사람보다 성공할 확률이 높 다는 연구 결과도 있어요. 평균 14퍼센트 더 높다더군요. 물론 일주일에 최고 스물한 잔일 때 이야기입니다.[23]

뮐러 오, 괜찮은 연구 결과인데요. 왜 그럴까요?

코치 물 마시며 체결되는 비즈니스 계약은 3분의 1도 안 돼요. 술은 사교성을 높입니다. 술을 마시면 호감도가 올라가고 혀가 풀려서 중요한 정보가 술술 새어나오죠. 어디 회사 임원 자리가 비었다더라, 누구 연봉이 얼마나 올랐다더라, 회사가 어디에 중점을 두고 개발을 한다더라. 그런 자리에 참석하면 당연히 커리어에 도움이 되겠죠. 물론 도를 넘지만 않으면요.

뮐러 이제부터는 회의 전에 반드시 음주측정기를 불어봐야겠는데요.

코치 협력사 회의는 어땠어요? 내내 계약 이야기만 했나요?

뮐러 처음에 75퍼센트는 다른 이야기만 했어요. 휴가 다녀온 이야기, 농담 따 먹기. 계약은 마지막에 그냥 귀찮은 일 처리하듯이 후다닥 해치우더라고요.

코치 남자들 특유의 사업 방식이죠. 경영자들은 냉철하게 사실을 파악해 결정을 내리는 척하지만 사실 중요한 것은 그게 아니에요. 결국 중요한 것은 마음이 통하느냐, 통하지 않느냐 하는 거거든요. 그 시험을 하는 시간이 잡담이고, 대부분 술이 동반되죠.

뮐러 남자들의 사업 방식? 그럼 여자들은 다른가요?

코치 남자들의 판단 기준은 얼마나 자신의 권력을 더 키울 수 있느냐, 얼마나 멋진 남자로 보일 것인가 하는 거죠. 그래서 자만이 이성을 흐리는 경우가 많아요. 대표적인 경우가 합병이에요. 자기가 인수하기만 하면 다 쓰러져가는 기업도 갑자기 벌떡 일어설 것이라는 그 과대망상은 대체 어디서 나오는 것일까요? 노벨 경제

학상을 탄 미국의 심리학자 다니엘 카너먼은 그것을 '오만의 가설'[24]이라고 불렀죠. 여성들은 훨씬 합리적이기 때문에 그 결정이 실제로 회사에 도움이 되는지를 따집니다. 여성들의 판단 기준은 사실 그 자체거든요.

뮐러 그 말이 맞다면 모든 기업의 경영진이 여자들로 꽉 차 있어야 할 겁니다. 하지만 현실은 아니잖아요.

코치 그런 객관적 판단이 오히려 승진에 방해가 되거든요. 권력에 굶주리지도 않은 사람이 어떻게 위로 오르겠습니까? 다른 경영자들과 아무런 교류가 없는 사람한테 무엇 때문에 높은 자리를 주겠습니까? 자만하지 않는다면 어떻게 조직의 꼭대기에 오르겠습니까?

뮐러 여자들도 자만해요.

코치 하지만 권력에 대해선 자만하지 않아요. 대부분의 여성은 권력을 새롭게 나아갈 기회라고 생각하지 않아요. 남을 해칠 수 있는 위험 요소라고 생각하죠. 여성들은 남을 짓밟고 싶어 하지 않아요. 그래서 권력을 잡으려고 하지 않죠.

뮐러 안타깝군요.

코치 어릴 때부터 그렇게 자라니까요. 여자아이들은 같이 놉니다. 인형놀이도 같이 하고, 소꿉놀이도 같이 하고, 고무줄도 같이 뛰어요. 지도자가 필요하지 않아요. 연구 결과를 보면 너무 자기 의견을 고집하거나 다른 아이에게 명령을 내리는 여자아이는 친구들 사이에서 인기가 없다고 해요.[25]

뮐러 남자아이들은 반대죠.

코치 맞아요. 서로 경쟁하죠. 축구를 해도, 달리기를 해도, 레슬링을 해도 모두가 대장이 되려고 해요. 자기 의견을 고집하고 친구들을 지휘하는 아이가 높은 서열을 차지하고요.[26] 그런 아이들이 자라서 직장에 취직한다면 어떤 그림이 펼쳐질까요? 남자들 틈에 낀 여성은 평소에 하던 대로 소극적으로 얌전하게 굽니다. 그럼 남자들은 그 행동을 복종이라고 오해해요. 당연히 서열 꼴찌를 못 면하겠죠.

뮐러 하지만 요즘 부모들은 좀 다르지 않나요? 딸, 아들 구분 없이 키우잖아요.

코치 달리기 시합에 나가 '거칠고 용감하게' 달렸다고 합시다. 딸과 아들 중 누구를 더 칭찬하겠습니까? 옷이 찢어져서 집에 돌아왔다면 누가 더 야단을 맞겠습니까? 딸일까요, 아들일까요? 예쁘게, 상냥하게 말하라고 누구한테 더 요구하겠습니까? 아들한테 그러라고 하겠습니까?

뮐러 하지만 여자아이들도 언젠가는 어른이 될 테고, 그럼 자기 결정

권이 있지 않을까요?

코치 그게 가능할까요? 어린 시절의 교육은 눈에 보이지 않는 손이 되어 우리 인생에 영향을 줍니다. 심리학에서는 모든 인간에게 '부모의 자아'가 숨어 있다고 말하죠. 우리의 인격에는 과거의 교육에 좌우되는 부분이 있다는 뜻일 거예요.[27]

미국에서 대학생 새내기들을 대상으로 실험을 했습니다. 참가자들에게 두 번에 걸쳐 앞으로의 자기 성적을 예상해보라고 시켰어요. 한 번은 종이에 적게 하고, 한 번은 사람들 앞에서 발표를 시켰습니다. 남자 대학생의 경우 두 번의 예상 수치가 같았습니다. 하지만 여자들은 사람들 앞에서 이야기할 때 점수를 더 낮춰 말했습니다. 높게 말하면 건방져 보일까 봐 겁을 낸 것이죠. 여성들은 그런 식으로 자신의 명예를 떨어뜨립니다.[28]

뮐러 최근에 제가 읽은 글에서 코치님은 모든 대화가 작은 권력투쟁이라고 말씀하셨어요. 어떤 남자가 말을 하면서 제 팔을 잡으면 어떻게 해야 할까요? 저는 싫거든요.

코치 제가 묻죠. 남자아이가 학교 운동장에서 여자아이를 밀었습니다. 그 여자아이는 어떻게 해야 할까요? 무시할까요? 하지 말라고 친절하게 타이를까요? 아니면 똑같이 밀어버릴까요?

뮐러 밀어야죠. 가만히 있으면 반응을 보일 때까지 계속 밀 거예요. 상대의 반응을 보려고 그런 짓을 하는 것이니까요.

코치 조용히 말로 타이르면요?

뮐러 경험상 하지 말라고 좋게 말하면 100퍼센트 더 귀찮게 굴어요.

코치 그럼 방금 전에 하신 질문에도 대답이 됐겠네요. 밀면 밀고, 잡으
면 잡고…….

뮐러 잡고?

코치 네. 잡으세요. 상대가 잡으면 손을 쳐내거나 팔을 빼세요. 아니
면 똑같이 말을 할 때마다 팔을 잡든가. 그럼 다음부터는 안 그
래요.

뮐러 "잡지 마세요."라고 말로 하면요?

코치 효과가 없습니다. 상대와 똑같이 하세요. 아무 말 없이 그냥 잡
는 겁니다. 그래야 상대가 당황합니다. 설명이 없으니까요. 또 그
래야 상대가 자신이 사용한 무기의 위험성을 깨달을 수가 있습
니다.

뮐러 남자 동료가 저를 "베이비"라고 불러서 저도 똑같이 "베이비"라
고 불렀어요. 그 방법은 어떤가요?

코치 정말 잘하셨습니다. 하지 말라고 말로 했다면 운동장에서 좋은
말로 타이른 여자아이와 같은 일을 당했을 겁니다. 상대는 더 신
이 나서 같은 짓을 반복했을 테니까요. 하지만 같은 무기로 역공

을 했기 때문에 아마 움칠 놀라서 주눅이 들었을 겁니다.

뮐러 맞아요. 제가 "베이비"라고 했더니 그다음부터는 조심하더라고
요. 그런 식의 말도 성희롱으로 분류할 수 있을까요?

코치 직장 동료가 당신을 그런 식으로 부른다는 것은 당신의 지위와
위신을 떨어뜨리려는 의도입니다. 당신의 권위를 무시하려는 것
이죠. 여성에 대한 모독이자 성희롱입니다.

뮐러 그 사람이 협력사 회의 때 부츠를 신으라는 둥 헛소리를 했을 때
도 기분이 너무 더러웠어요.

코치 옷이나 화장에 관해서는 대부분의 커리어 코치가 같은 충고를
합니다. 지위가 높을수록 자제하라! 이유가 뭘까요? 다리가 훤
히 드러나는 옷이나 가슴이 깊게 팬 블라우스, 진한 화장은 권위
를 손상시킵니다. 그런 옷차림과 화장을 한 여성을 보면 직장인
으로서의 역할보다 여성으로서의 역할을 먼저 떠올리게 되는 거
죠. 그래서 그 여성이 아무리 전문 지식과 경험을 자랑한다고 해
도 일단 그녀의 외모에 먼저 집중하게 됩니다. 성적인 대상이 아
니라 맡은 직무를 다하는 전문가로 인식되기 위해선 과도한 의
상과 화장은 자제하는 것이 좋습니다.

뮐러 요즘 같은 세상에도 기업에서 성적 모독이나 성희롱이 일어나
나요?

코치 당연하죠. 설문조사 결과를 보면 여성 열 명 중 일곱 명은 직장에서 성적 모독을 당했다고 대답했습니다. 절반에 가까운 여성이 음란한 말을 들었고, 세 명 중 한 명이 부도덕한 제안을 받았다고 합니다. 가슴을 만지는 추행을 당한 여성도 다섯 명에 한 명꼴이었습니다.[29]

뮐러 이제 앞으로는 절대 참지 말아야겠어요. 그럼 다음번에 또 연락드리겠습니다. 건강하시고요.
코치 네. 일주일에 스물한 잔을 넘으면 안 된다는 것, 아시죠?

뮐러 네. 명심!

"겸손한 것은 좋은데,

여자들은 겸손해도 너무 겸손해요."

4.
연봉을
높이는
대화의 기술

～～～～～～～～～～～～～～～～～～～～～～～～～

"같은 성과를 내고도 여성의 연봉이 남성보다 적은 이유가 무엇일까요?"

"세 가지 이유를 꼽을 수 있습니다. 첫째는 연봉을 정하는 관리자들의 실책입니다. 성과가 아니라 성별로, 목소리 큰 순서로 연봉을 결정하기 때문이죠. 둘째는 여성들의 육아 휴직입니다. 휴직을 한 기간 동안 남자 동기들이 한참 앞질러 갈 테니까요. 셋째는 연봉 협상에서 여성들이 자신의 의사를 분명히 전달하지 못하기 때문입니다. 겸손한 것은 좋은데 겸손해도 너무 겸손한 거죠. 제 경험상 여성들이 과하다고, 비현실적이라고 생각하는 수준이 딱 맞는 수준입니다. 가격은 그냥 가격이 아닙니다. 가격에는 메시지가 담겨 있어요."

～～～～～～～～～～～～～～～～～～～～～～～～～

내 아이디어를 가로챈 자를
어떻게 응징할 것인가

뮐러 씨가 카페 구석 자리로 가서 앉았다. 화장실 표지판이 붙어 있지 않아도 냄새로 화장실 근처임을 금방 알 것 같았다. 카푸치노와 치즈 케이크를 먹기로 결정해놓고도 뮐러 씨는 한참동안 메뉴판을 들여다봤다.

"아직 안 오신 줄 알았어요."

따뜻한 음색의 목소리였다. 슈미트의 비서 요한나 노이어가 성큼 다가오며 말을 걸었다. 뒤에서 화장실 물 내리는 소리가 들렸다. 뮐러 씨가 귀를 긁적였다. 두 사람은 주문을 하고 몇 가지 소식을 주고받았다. 노이어가 본론으로 들어갔다.

"슈미트가 당신을 없애려고 해요. 당신을 몰아내고 싶은가 봐요."

뮐러 씨가 턱을 괸 채 물었다.

"예쁜 나비를 보면 날개를 뜯고 싶은 심리인가요?"

"슈미트는 애가 아니에요. 그를 얕보지 말아요. 당신의 전임 페터 씨가 떠난 뒤에 원하는 것을 모조리 다 챙겼어요. 페터 씨의 비서였던 나를 자기 비서로 삼았고, 연봉도 상당히 올랐어요. 비서로 일하면서 보니 사장님하고 아주 짝짜꿍이 났더라고요."

"잘난 사람들이 가만히 있으니까 자기가 진짜 잘난 줄 아나 보네."

뮐러 씨가 대꾸했다.

"슈미트가 당신의 광고 안으로 독일 광고상에 응모를 했어요."

노이어가 말했다.

"뭘 가지고 뭘 해요?"

뮐러 씨가 놀란 입을 다물지 못했다.

"당신 아이디어를 냈다고요."

"와, 어떻게 그런 좋은 일을 했지?"

"좋은 일이 아니에요. 응모자 이름이 슈벤 잔더니까요. 다른 부서의 부장 두 명이 확인을 해줬고요."

뮐러 씨가 벌린 입을 다물었다. 상황을 파악하는 데 한참이 걸렸다.

"내가 제안서에 내 이름을 또렷이 써넣었는데요. 누구도 부인할 수 없어요."

노이어가 딱하다는 눈으로 쳐다봤다.

"다들 모인 자리에서 사장님하고 의논해서 만든 광고 안이라고 말했잖아요."

"그건 그냥 전략상 그랬던 거예요. 사장을 끌어들여야 통과가 될 테니까. 잔더가 한 일이라고는 달을 화성으로 바꾼 것뿐인데요."

"슈미트가 만든 시나리오엔 잔더가 아이디어를 냈고 당신은 그냥 받아 적기만 했어요."

또 화장실 물소리가 들렸다. 그의 생각도 물처럼 머리에서 흘러나 갔다. 머리가 텅 빈 것 같았다.

* * *

"괜찮아요? 얼굴이 백짓장 같아요."

노이어가 물었다.

"괜찮아요."

말은 그렇게 했어도 괜찮지 않았다. 자이델의 충고를 철저하게 지 켜 자물쇠를 꼭 채운 그의 아이디어 자전거가 독일 최고의 광고상을 향해 달려가고 있다. 그런데 안장에 멍청이가 앉아 있고 모사꾼이 뒤 에서 자전거를 밀고 있다. 결투를 할 수 있는 시대라면 지금 당장이라 도 결투 신청을 했을 것이다.

"나도 웬만하면 내가 모시는 상사의 일이니까 입 다물려고 했는데 같은 여자로서 이건 아니다 싶어서 말씀드리는 거예요."

노이어가 말했다.

"정말 고마워요. 위에서 허락만 하면 나한테로 올 거라는 마음, 변 치 않았죠?"

사실 뮐러 씨는 그동안 노이어와 많은 이야기를 나눴다. 뮐러 씨는 무슨 수를 써서라도 그녀를 자기 부서로 데려오고 싶었다. 노이어도 뮐러 씨에게 호감을 보였고, 사장의 허락만 떨어진다면 당장이라도 그의 밑에서 일하고 싶다는 뜻을 비쳤다.

"위에서 허락이요? 글쎄, 과연 그게 가능할까요?"

"그래서 조만간 연봉 협상을 다시 하려고 해요. 그때 한 가지 요구 조건을 더 내걸 거예요. 나도 비서를 두고 싶다. 내가 원하는 비서는 노이어 씨다."

"사장이 허락해줄 것이라고 생각해요? 슈미트가 얼마나 아부를 하는데요."

"나한테도 다 생각이 있어요."

뮐러 씨가 귀를 긁적였다. 카푸치노는 다 식어버렸고 치즈 케이크에는 손도 대지 않았다.

"정말 예전 상사를 너무 닮았어요. 귀 긁는 것까지 어쩜 저렇게 똑같을까."

노이어가 남들은 모르는 정답을 아는 사람처럼 씩 웃었다.

그 많던 여성 인재는
다 어디로 갔을까

조깅을 마치고 샤워를 끝낸 뮐러 씨가 페터의 낡은 목욕 가운을 걸쳤다. 헐렁해서 입기 편해 여태 버리지 않고 쓰고 있다.

갑자기 초인종이 울렸다. 순간 심장이 멎는 기분이 들었다. 얀이 협박을 하더니 정말로 경찰에 신고를 했을까? 만일 그렇다면 어쩌지? 신분증도 없는데. 취조를 당하면 뭐라고 대답을 해야 하지?

뮐러 씨는 살금살금 문으로 다가가 귀를 쫑긋 세웠다. 예상 외로 조용했다.

뮐러 씨가 다시 돌아서려는 순간 여자 목소리가 들렸다.

"페트라, 문 좀 열어줄래요?"

뮐러 씨의 예전 여자 친구 카차 한젠이었다. 엥? 카차가 웬일이지? 페트라라는 이름은 또 어디서 들은 거지?

2시간 뒤, 그는 카차의 빈 잔에 또 한 번 커피를 따랐다. 둘 사이에 대화의 꽃이 만발했다. 카차는 얀에게 사정을 전해 듣고 페터의 소식을 묻고자 뮐러 씨를 찾아왔다. 뮐러 씨는 결혼식을 하고 얼마 뒤 페터가 바이크 전국 투어를 떠났다고 설명하고, 증거로 페터가 쓴 편지를 보여줬다.

"맞아. 이거 페터 글씨 맞아. 내가 알지."

카차는 묶은 머리가 찰랑거릴 정도로 격하게 고개를 끄덕였다. 그것으로 페터 문제는 해결됐다. 뮐러 씨는 얼른 대화의 주제를 다른 방향으로 돌렸다.

"무슨 일 해요?"

"종이 만들어요. 내일 아침에 생선 포장할 종이."

"포장 회사에서 일해요?"

뮐러 씨가 카차의 엉뚱한 대답에 놀라 물었다.

"네. 뉴스 포장 회사. 농담이고요. 지역 신문사에서 일해요. 알죠? 〈바즈〉라고."

당연히 안다. 전 여자 친구의 직장이 어딘지 모르겠는가.

다만 여자가 되어 만난 카차는 예전과 완전히 다른 사람 같았다. 3년이나 만났으면서도 페터 뮐러는 까맣게 몰랐던 온갖 이야기를 페트라 뮐러 앞에서는 술술 털어놓았다. 여성할당제를 환영한다는 기사를 써놓고 자기 부서의 모든 관리직을 남자로 채운 부서장, 인턴 여사원들에게 자신의 말만 잘 들으면 정직원이 될 수 있다고 이야기하며 지분대는 부서장, 카차에게 써도 그만 안 써도 그만인 '여자용 기삿거리'만 배정하는 편집장 쿠르트 레만까지, 신문사에는 온갖 종류의 골

통 남자들이 우글거렸다. 최근에도 남자 동료 기자들이 장관 취임식 취재를 위해 수도로 출장을 가 있는 동안 그녀는 지역 양로원 행사 취재를 맡았다.

* * *

"네가 편집장이 될 생각은 안 해봤어? 네가 높은 자리에 오르면 상황을 바꿀 수 있잖아."

뮐러 씨가 물었다. 그사이 두 사람은 말을 놓고 친구가 됐다.

"어릴 땐 달나라에 가고 싶었지."

카차가 말하며 팔을 천장으로 뻗었다.

"그런데 여자가 편집장이 되는 것에 비하면 달나라 여행은 식은 죽 먹기야."

"달까지 40만 킬로미터야."

"그래. 하지만 곰곰이 생각해봐. 이름 있는 신문사 중에서 편집장이 여성인 곳이 한 군데라도 있어? 〈쥐트도이체 차이퉁〉, 〈디 벨트〉, 〈슈테른〉, 〈슈피겔〉, 〈포커스〉, 〈디 차이트〉, 〈빌트〉. 전부 다 남자야. 방송사도 마찬가지고."

"다들 여성 인재가 필요하다고 떠들어대면서."

"사회 정의 구현을 외치는 정치가들이 왜 다 감옥에 가겠어? 말대로만 된다면 이 세상에 무슨 문제가 있겠어? 하긴 여성 잡지엔 여성 편집장이 있겠다. 여자들이 보는 잡지니까 아무래도 여자가 더 낫지. 하지만 대형 신문사 관리자의 98퍼센트는 남자야.[30] 저널리즘은 평등의 제3세계라니까. 여기보다 더 여자가 대접 못 받는 분야를 찾으라면, 글쎄, 광산? 아니면 정자 기증 협회?"

뮐러 씨가 큰소리로 웃었다. 입은 웃었지만 마음은 웃을 수가 없었다.

"여자 기자들은 왜 가만히 있는데?"

"당연히 항의하지."

카차가 풀이 팍 죽은 목소리로 대답했다. 묶여 있는 머리도 주인의 심정을 따라 축 처졌다.

"4000명한테 서명을 받아서 항의를 했지. 하지만 달라진 건 하나도 없어."[31]

"네가 여성의 커리어에 관한 기사를 쓰면 편집장이 받아줄까?"

"당연하지. 그런 거 얼마나 좋아하는데. 양의 후원자보다 늑대가 더 반기는 가면은 없는 법이야."

문득 기가 막힌 아이디어가 떠올랐다. 뮐러 씨가 카차에게 설명을 하니 카차도 반색을 했다. 카차에게 자이델을 소개해줄 생각이었다.

카차를 배웅하려고 현관으로 가던 길에 카차가 걸음을 멈추고 뮐러 씨를 가만히 들여다봤다.

"이상해. 오랜 전부터 아는 사이 같아. 그리고 너 귀 긁는 모습이 정말 페터를 많이 닮았어. 입보다 눈이 먼저 웃는 것도 그렇고."

"나도 그런 생각 했어."

뮐러 씨가 뜨끔해서 둘러댔다. 카차가 뮐러 씨를 꼭 안았다. 한 번도 느껴본 적 없는 따뜻한 기운이 느껴졌다. 남자였을 때와는 전혀 다른 느낌이었다.

　조만간 또 놀러 오겠다는 약속을 남기고 카차는 돌아갔다. 내일은 편집장이 맡긴 양로원 취재를 가야 한다며.

여성들이 연봉 협상에서
흔히 저지르는 실수

뮐러 씨는 출근할 때면 늘 로비를 가로질러 왼쪽 엘리베이터를 잡아탔다. 그러나 요 며칠은 오른쪽으로 꺾어 방문객용 소파로 간 뒤 탁자에 놓인 〈바즈〉를 스르륵 넘겨 보고는 탁자에 도로 휙 던졌다. 그럴 때마다 안내데스크의 산드라 클로제가 그를 째려봤다.

마침내 오늘 아침 기다리던 기사가 실렸다. 1면에 '〈바즈〉 시리즈, 여성의 커리어'라고 큰 글자로 적혀 있었다. 뮐러 씨는 흡족한 표정으로 그 신문을 가방에 집어넣었다. 산드레 클로제한테 읽고 도로 갖다 놓겠다고 약속은 했지만 당연히 그러지 않을 생각이었다.

이번에도 시리즈 안내는 역시 편집장 쿠르트 레만이 맡았다. 수화기를 들고 앞을 바라보는 그의 사진 밑에는 이런 소개 글이 적혀 있었다.

"일하는 여성에게 귀를 여는 편집장, 쿠르트 레만."

그 아래로 작은 도시 하나는 너끈히 태우고도 남을 자기 자랑의 불길을 뿜어대며 그가 시리즈를 소개했다.

많은 노력을 기울인 끝에 마침내 유명 커리어 전문가 안스가르 자이델 씨가 독점 인터뷰를 허락했다. 이미 여러 신문사에서 접촉을 시도했지만 자이델 씨는 우리 신문사의 뛰어난 역량과 여성 직원 처우에 만족해 우리 신문사를 선택했다.

이번 인터뷰 시리즈는 여성의 커리어를 주제로 하는 만큼 우수한 르포르타주 기사로 정평이 난 편집부의 여성 기자 카차 한젠이 맡았다.

'우수한 르포르타주 전문 여성 기자'에게 그가 그동안 얼마나 하찮은 취재만 맡겼는지에 대해선 한마디 말도 없었다. 이 시리즈가 성사된 것이 모두 카차 한젠 덕분이라는 사실도 언급하지 않았다.

어쨌든 이번 인터뷰를 계기로 카차가 동네 사랑방 취재 수준을 넘어 굵직한 기획을 맡게 돼 뮐러 씨도 무척 기뻤다. 그는 의자에 기대어 신문을 활짝 펼치고 기사를 읽기 시작했다.

여성의 연봉 협상 전략

카차 한젠

왜 여성의 평균 연봉은 남성보다 21퍼센트나 적을까요? 왜 여성은 늘 협상에서 밀릴까요? 잘못된 겸손의 습관은 어떤 역할을 할까요? 이 질문에 시원하게 답해주실 유명한 커리어 코치 안스가르 자이델 씨를 만나봅니다. 자이델 씨와의 인터뷰는 시리즈로 진행될 예정입니다.

〈바즈〉: 자이델 씨, 같은 성과를 내고도 여성의 연봉이 남성보다 적은 이유가 무엇일까요?

자이델: 세 가지 이유를 꼽을 수 있습니다. 첫째는 연봉을 정하는 관리자들의 실책입니다. 성과가 아니라 성별로, 목소리 큰 순서로 연봉을 결정하기 때문이죠. 둘째는 여성들의 육아 휴직입니다. 휴직을 한 기간 동안 남자 동기들이 한참 앞질러 갈 테니까요. 셋째는 연봉 협상에서 여성들이 자신의 의사를 분명히 전달하지 못하기 때문입니다. 겸손한 것은 좋은데 겸손해도 너무 겸손한 거죠.

여성들이 연봉 협상에서 흔히 저지르는 실수가 있다면요?

단어 선택부터 문제입니다. 여성들은 희망 사항을 전달합니다. 나는 이렇게 했으면 좋겠다! 하지만 상사의 귀엔 안 해줘도 된다고 들리죠. 또 여성들은 자신의 성과를 '우리'의 업적이라고 표현합니다.

"우리 팀이 이러저러한 일을 해냈다."

그래서는 안 됩니다. 그 성과에서 '나'의 부분을 강조해야 합니다.

마지막으로 목소리의 높낮이도 중요합니다.

어떻게요?

목소리가 높으면 확신이 없어 보입니다.

"작년보다 성과를 많이 냈습니다."

같은 말이라도 낮은음이면 그 말에 확신이 담긴 것처럼 들리죠. 또 끝을 올리면 질문처럼 들립니다. 그래서 듣는 사람이 의심을 품게 됩니다.[32] 과연 그럴까, 하고 말이죠.

여성의 목소리는 애당초 높은데요?

그렇죠. 하지만 같은 음역에서도 높낮이가 있습니다. 협상 때는 더 낮은 소리를 내도록 노력해야 합니다.

그 밖에 여성들이 자주 저지르는 실수가 있다면요?

너무 정직하죠. 처음부터 원하는 바를 밝혀요.

그게 왜 잘못이죠?

협상은 논리적이지 않아요. 심리적이죠. 그래서 여지를 둬야 합니다. 월 300유로를 받고 싶으면 500유로를 불러야 해요. 그럼 상사는 150유로 정도 깎을 수 있을 테고, 스스로 협상을 잘했다고 만족할 수 있어요. 당신도 50유로를 더 받을 수 있고요. 하지만 처음부터 300유로를 부르면 기껏해야 200유로나 150유로 정도밖에는 못 받겠죠.

비현실적인 요구로 협상을 망칠 수도 있잖아요.

제 경험상 여성들이 과하다고, 비현실적이라고 생각하는 수준이 딱 맞는 수준입니다. 가격은 그냥 가격이 아닙니다. 가격에는 메시지가 담겨 있어요.

그게 무슨 뜻인가요?

마트에서도 똑같아요. 판매대에 놓고 파는 할인 제품은 낮은 가격에 팔아야 해요. 하지만 정품은 제 가격에 팔리죠. 요구가 적으면 성과도 적다는 인상을 풍깁니다. 요구가 많으면 품질도, 성과도 높다는 인상을 줄 수 있죠.

언어와 요구 사항에 대해 말씀해주셨습니다. 그 밖에 더 주의할 사항은 없나요?

상사가 "안 돼."라고 했다고 해서 협상이 끝난 것은 아닙니다. 이제부터가 진짜 시작이죠. 협상이란 다른 두 관점이 충돌해 공동의 해결책을 모색하는 과정입니다. 그런데 여성들은 한 번의 거절을 최종 거절로 생각합니다. 상사에게 그 "안 돼."는 배경 소음과 같습니다. 그러니까 그럴듯한 논리로 다시 요구를 강조하라는 초대장인 거죠.

연봉 협상에 성공하려면 어떻게 해야 할지 구체적으로 말씀해주세요.

일단 적절한 연봉이 어느 정도인지 알아야 합니다. 인터넷에서 찾아볼수도 있고 대학 친구나 입사 동기들에게 물어볼 수도 있습니다. 남자들은 연봉 이야기를 많이 합니다. 그런데 여성들은 그런 이야기를 꺼리죠. 비교는 반드시 같은 직급의 남성과 해야 합니다. 잊지 마세요. 평균 이상의 성과를 낸다면 평균 이상의 연봉을 받아야 합니다.

연봉을 알아냈다면 그다음 단계는 뭐죠?

자신의 성과를 정리해 파일을 만듭니다. A4 용지에 지난 18개월 동안 거둔 특별한 성과를 기록하는 겁니다. 그렇게 하면 좋은 점이 많습니다. 첫째, 연봉 인상 논리의 실마리로 삼을 수 있습니다. 글자로 적혀 있으니까 깜빡하고 말 못할 일이 없죠. 둘째, 일을 얼마나 잘하는지 이 파일로 입증할 수 있습니다. 마지막으로 상사가 다시 그의 상사에게 당신의 연봉 인상을 입증해야 할 때 이 파일을 제출하면 됩니다.

그다음은요?

유리한 시점을 잡아야죠. 중요한 프로젝트를 성공했거나 추가 업무를 맡았을 때가 바람직한 시점입니다.

상사에게 '연봉 협상'이라고 미리 말해야 할까요?

그러지 마세요. 미리 말하면 상사가 방어 태세를 취할 테니까요. 연봉에 한정하지 말고 대화의 폭을 조금 더 넓게 잡는 것이 좋습니다. 성과나 승진 기회 같은 주제로 같이 이야기를 나눠볼 수 있습니다.

직설적으로 '연봉 인상'을 언급해야 할까요?

그 말은 피하는 것이 좋습니다. 연봉 인상이라고 하면 괜히 돈을 더 많이 주는 것 같은 인상을 풍기니까요. '연봉 조정'이나 '연봉 회복' 같은 개념이 더 적절합니다. 그럼 '나의 성과가 연봉을 앞서갔다'는 인상을 주게 되죠. 회사가 그 부족한 부분을 이제 보충해야 하는 겁니다. 먼저 성과를 프레젠테이션한 다음에 연봉 이야기를 꺼내는 것이 좋습니다.

상사에게 어떤 논리가 제일 잘 먹힐까요?

회사의 이익을 강조하는 논리는 다 좋습니다. 회삿돈을 절약했다, 수익을 더 올렸다, 기존의 책임 범위를 넘어서는 업무를 추가로 맡았다, 업무의 질을 높였다, 중요한 연수 프로그램을 마쳤다 등등. 누가 봐도 성과가 올랐다는 사실을 보여주세요. 그래야 회사 입장에서도 거부할 근거가 없을 테니까요.

어느 정도 요구해야 적당할까요?

5퍼센트에서 시작하는 것이 좋습니다. 그보다 적으면 물가 상승률을 상쇄하는 수준밖에는 안 됩니다. 뛰어난 성과를 입증할 수 있다면 10퍼센트나 15퍼센트도 좋습니다. 특히 여성의 경우 그동안 부족했던 부분을 보충해야 할 필요가 있으므로 15퍼센트도 무난합니다. 당신의 시장 가치를 입증하세요. 그럼 은연중에 당신이 다른 기업과 접촉 중이라는 뜻으로 들릴 겁니다. 다른 곳에서 탐내는 능력 있는 직원은 무리를 해서라도 붙잡고 싶은 것이 인간의 심리거든요.

협상에서 여성의 강점이 무엇이라고 생각하십니까?

세 가지 강점이 있습니다. 첫째, 여성들은 매사에 배우려는 자세가 되어 있습니다. 그래서 협상 전에 미리 친구와 연습을 해봅니다. 자꾸 하다 보면 아무래도 실력이 늘겠죠. 매우 바람직한 방법입니다.

두 번째 강점은요?

여성들은 하버드 협상 전략을 타고났습니다. 말투는 친절하지만 내용은 단호하죠. 그래서 공격의 여지를 잘 주지 않습니다.[33] 남자들은 욱해서 공격적으로 돌변하기 쉽습니다. '돈을 더 안 주면 나갈 거야!' 이런 식의 극단적 주장은 역효과를 내기 쉽습니다.

그럼 마지막 세 번째 강점은 무엇인가요?

여성들은 공감 능력이 뛰어납니다.[34] 그래서 상사의 입장에서 생각할 수 있습니다. 내가 상사에게 어떤 이익을 안겨줄 수 있을지 예상할 수 있죠. 어떤 일을 해야 우리 부서에 도움이 될까? 어떻게 해야 상사의 승진을 도울 수 있을까? 상사는 이기주의자입니다. 자기에게 이익이 된다고 느끼면 당신에게도 이익을 안겨줄 겁니다.

여성 관리자들도 연봉 협상에 어려움을 겪나요?

평직원 여성보다 여성 관리자들이 더 어려움을 겪습니다. 평균적으로 여성의 수입이 남성보다 21퍼센트 적은데, 관리자들의 경우 30퍼센트나 적거든요. 임원직 여성의 시급은 약 28유로입니다. 남성의 경우 약 12유로가 더 많습니다.[35] 그러니까 똑같은 돈을 벌기 위해 남성이 연말까지만 일해도 된다면 여성은 이듬해 4월 초까지 일을 해야 합니다. 중견 남성 간부의 연봉이 5만 유로를 밑도는 경우는 100명 중 스물세 명에 불과하지만 여성의 경우 약 두 배인 마흔한 명이나 되죠.[36]

이유가 뭘까요?

여성들에게 잘못을 물어서는 안 됩니다. 성과가 아니라 성별에 따라 연봉을 책정하는 회사가 제일 큰 문제입니다. 물론 여성이 협상을 잘 하면 좋겠죠. 하지만 똑같은 돈을 받기 위해 왜 여성만 투쟁하고 연구해야 하나요? 그렇게 만드는 기업 문화가 더 문제 아닐까요?

법은 어떻습니까?

기업에서는 싫어하겠지만 헌법은 남녀평등을 보장합니다. 남녀평등법은 연봉뿐 아니라 일체의 여성 차별을 금지하고 있습니다. 하지만 그것만으로는 충분하지 않다고 생각합니다. 우리 정부도 '임금평등법 (Equal Pay Act)'을 도입해야 합니다. 미국은 이미 1963년부터 실행 중입니다.[37] 그런 데는 다 그럴 만한 이유가 있겠죠.

자이델 씨, 다양한 정보 감사드립니다.

원하는 것을 얻는
연봉 협상의 비밀

밀러 씨가 찻잔에 차를 따랐다. 카챠와 조깅을 마치고 같이 집으로 왔다. 샤워를 끝낸 카챠가 소파에 다리를 꼬고 앉았다. 젖은 머리에 수건을 터번처럼 두른 모습이 예전과 똑같았다.

"페트라, 나한테는 솔직하게 말해줘. 페터 말이야."

"잘 있어. 진짜야."

카챠가 긴 팔을 뻗어 찻잔을 집은 뒤 입으로 가져가서 후후 불었다.

"그럼 어디 있어? 지금 뭐해?"

밀러 씨는 진실을 털어놓고 싶었다. 거짓의 늪으로 더 깊이 들어가고 싶지 않았다.

"지금 젊고 매력적인 여자랑 같이 있을걸."

"뭐? 여자? 또?"

카챠가 찻잔을 탁 하고 내려놓았다. 그 바람에 차가 찻잔 받침으로 흘러넘쳤다.

"또가 아니라 옛날 여자야. 예전 애인."

카차가 한숨을 푹 쉬었다.

"결혼을 하고 며칠 만에 또 새 인생을 사신다고."

"새 인생! 맞아. 새 인생이지."

뮐러 씨는 정말 맞는 말이라고 생각했다.

"페트라, 힘내. 아무한테도 말 안 할 테니까. 그래서 여태껏 거짓말을 했구나."

뮐러 씨의 눈가가 꿈틀했다. 눈물샘의 수위가 위험할 정도로 급상승했다. 카차가 안됐다는 표정으로 그를 쳐다봤다. 이유는 달랐지만 그래도 뮐러 씨는 그런 동정을 받을 자격이 충분하다고 생각했다.

* * *

뮐러 씨는 얼른 생각을 고쳐먹고 주제를 바꿨다.

"그건 그렇고, 우리 연봉 협상 연습하자."

"뭔 소리야?"

"내가 편집장 역할을 할 테니까 날 상대로 연습을 해봐."

뮐러 씨가 남자처럼 목소리를 깔면서 말했다. 카차가 탁자 쪽으로 몸을 돌리며 꼰 다리를 풀었다.

"그거 좋은 생각인데? 좋아. 해보자. 편집장님, 제 생각에는 연봉 인상을 거론할 때가 아닌가 하는데요."

"그런 생각이 왜 들었을까요?"

뮐러 씨가 대답했다.

"지난 1년 동안 성과가 많았는데도 4년 동안 연봉이 한 번도 오르지 않았습니다."

뮐러 씨는 대응 방법으로 기업들이 가장 많이 사용하는 일반화 전략을 선택했다.

"지금 우리 신문사 기자들 열 명 중 아홉 명이 4년째 똑같은 연봉을 받고 있어요. 누구 한 사람만 특혜를 줄 수는 없죠."

카차는 소파 끝머리에 엉덩이를 걸치고 앉아서(뮐러 씨가 보기엔 언제라도 도망을 치려는 것 같았다) 양손을 조몰락거렸다(이것 역시 권위 있는 몸짓은 아니었다).

"네. 그 말씀은 열 명 중 한 명은 그렇지 않다는 말씀이시잖아요. 특별한 성과를 올린 사람이겠죠. 편집장님의 소개 글에서도 알 수 있듯이 저명한 커리어 코치한테서 시리즈 인터뷰를 따낸 것도 그런 특별한 성과에 해당된다고 봅니다만."

뮐러 씨는 벌떡 일어나 박수를 치고 싶은 충동을 애써 참았다. 처음엔 너무 약하다 싶을 만큼 조심스럽게 운을 뗀 카차였다. 그런데 갑자기 정곡을 찔렀다.

"그건 그렇죠. 하지만 어느 회사도 한 번의 성과를 가지고 곧바로 연봉을 올려주지는 않아요."

카차는 이제 양발을 모두 바닥에 딱 붙이고 안정적인 자세로 앉아 있었다. 잠시 고민하던 그녀가 다시 입을 열었다.

"그 시리즈는 6개월 동안 계획한 것입니다. 한 번의 성과가 아니라 장기적인 성과죠. 그것 말고도 저는 작년에 몇 차례 편집장님을 대신해 골치 아픈 업무를 처리했고, 수습사원 두 명에게 업무를 가르쳤으며, 지난여름엔 일손이 부족한 인터넷 편집부를 적극적으로 도왔습니다. 그 정도면 따로 한 사람을 고용해야 할 정도의 업무량입니다."

와우! 대단할걸! 카차는 자이델과의 인터뷰 내용을 완벽하게 숙지했다. 그리고 그의 가르침을 완벽하게 활용했다. 카차가 펼친 논리는 전부 회사가 얻게 된 이득을 강조했다. 그러나 뮐러 씨도 물러서지 않았다. 남자였을 때 자주 쓰던 논리를 꺼내 최후의 일격을 날렸다.

"다 맞아요. 다 옳은데, 편집부에 지금 돈이 없어요. 나는 정말 올려주고 싶지. 하지만 올려줄 돈이 없는 걸 어떻게 하겠어요."

카차가 어찌할 바를 모르고 천장을 올려다봤다.

"그 말씀을 제가 믿어야 하나요?"

"믿든 안 믿든 사실이에요. 대신 예산이 늘어나면 그때 다시 이야기를 해봅시다."

카차가 손바닥을 뒤집어 보이며 끝내자는 신호를 보냈다.

"이제 어떻게 해? 졌어."

"지지 않았어. 편집장은 연봉 인상 요구가 정당하다는 것을 간접적으로 시인했어. 그 점을 한 번 더 강조해야 해. '말씀 잘 알아들었습니다. 그러니까 편집장님은 저의 연봉 인상 요구를 개인적으로 지지하시며, 예산을 맞출 방법을 찾아보시겠다는 말씀이시군요.'"

"천재적인데! 자기가 한 말을 물릴 수 없으니 꼼짝없이 걸려들었어. 하지만 돈이 없다는데 뭐라고 해?"

"너도 나도 다 알아. 파산을 하지 않는 이상 회사엔 돈이 있어. 그러니까 너는 너의 연봉에 투자를 하는 것이 회사에 득이 된다는 점만 입증하면 돼."

"어떤 논리가 있을까?"

카차가 물었다.

"예산이 부족하다면 더더욱 네가 그 회사에 필요한 사람이라고 주장하는 거지. 인터넷 신문에 글을 쓰고 수습기자를 가르쳐서 네가 얼마나 많은 돈을 절약했는지 생각해봐. 또 자이델한테는 한 푼도 안 주고도 인터뷰를 성사시켰잖아. 인터뷰를 정리해서 기사로 만든 건 너니까."

카차가 뮐러 씨를 빤히 쳐다봤다.

"천재야. 술술 나오네."

"천재는 무슨. 내내 고민한 결과야. 너도 나만큼은 할 수 있잖아. 가서 면담을 신청해봐."

"그래. 그래야겠어."

차를 한 모금 마신 그녀가 다시 허리를 꼿꼿하게 세웠다.

"연습 한 번 더 하자."

겸손의 저주

뮐러 씨가 소파에 앉아서 노트북을 켰다. 어느 때보다 안스가르 자이델과의 대화가 시급했다. 그가 채팅 방으로 들어갔다.

뮐러 〈바즈〉에 실린 인터뷰 기사 봤어요. 축하드려요.

코치 친구분 덕분이죠. 정리를 정말 잘하셨더군요.

뮐러 카차가 기사 나가고 바로 연봉 협상한 거 아세요?

코치 아뇨. 몰랐습니다. 결과는?

뮐러 월 350유로 더 받기로 했답니다. 하지만 아직 턱도 없죠.

코치 이번 경험을 바탕으로 더 얻어낼 수 있을 겁니다.

뮐러 권해주신 파일이 큰 도움이 됐다고 하더군요. 자신의 성과를 조목조목 열거했고, 자신의 노력으로 편집부가 절감한 금액을 정확한 액수까지 밝혔다고 했어요.

코치 그래서 상사가 바로 수긍을 했나요?

뮐러 당연히 아니죠. 진지하게 자신의 시장 가치를 언급하니까 겨우 꼬리를 내렸다더군요. 카차가 이직하면 인터뷰 시리즈도 들고 가버릴까 봐 겁이 났을 거예요. 카차가 다른 데로 가도 계속 〈바즈〉와 하실 건가요?

코치 아니죠. 뮐러 씨가 아니었으면 하지도 않았을 텐데 당연히 친구분이 다른 곳으로 가신다면 따라가야죠. 인터뷰 앞부분에 편집장이 쓴 소개 글 읽어봤습니다. 부하 직원의 공을 자기 공으로 돌리는 전형적인 남성 관리자더군요.

뮐러 저도 사실 고백할 게 있어요. 제 타이어 광고 안을 빼앗겼어요.

코치 빼앗기다니요?

뮐러 회의 때 사장과 같이 개발했다고 발표했거든요. 그랬더니 사장이 혼자서 독일 광고상에 응모를 했어요. 그 자리에 있던 동료들이 사장의 아이디어라고 확인을 해줬고요.

코치 큰 실수 하셨네요. 상사를 끌어들이는 전략은 좋았지만 공식적으로 "우리" 아이디어라고 말한 것은 잘못이에요. 사장의 지위가 높다 보니 사장에게 더 많은 공이 돌아간 것이죠. 그런 것을 두고 헤일로 효과, 후광 효과라고 부릅니다. 인물이나 사물 등일정한 대상을 평가할 때 그 대상이 가진 일부 긍정적인 특성이다른 요소를 평가하는 데까지 영향을 미치는 현상을 말하죠. 프레젠테이션을 할 때 당신의 공로가 어디까지고 사장의 공이 어디까지인지를 명확하게 밝혔어야 옳습니다.

뮐러 그래도 그사이 얻어낸 것도 있어요. 임금 협상을 했거든요. 인사

부장 우도 바이머를 찾아가서 당당하게 협상을 요구했죠.

코치 오른 연봉이 술 스물한 잔을 마실 만큼 되나요?

뮐러 물론이죠. 그래도 아직 만족은 못 하겠어요.

코치 왜죠?

뮐러 협상 때 저를 대하는 태도가 마음에 안 들었거든요. 바이머가 제

말을 듣고 뭐라고 했는지 아세요?

"우리끼리 말이지만 우리 회사에서 뮐러 씨만큼 돈 많이 받는

여자 직원은 없어요."

당연하지 않아요? 이 회사에서 내가 유일한 여성 관리자인데.

코치 아주 교묘한 수법이에요. 같은 직급의 남성과 비교하지 않고 다

른 여성과 비교하는 수법. 그러니까 당신은 올림픽 경기에 참가

할 자격이 안 되지만 회사에서 은혜를 베풀어 장애인 올림픽에

는 참가시켜 주겠다, 여자들끼리 낮은 직급하고 겨루어봐라, 뭐

그런 논리잖아요.

뮐러 네. 여러 번 내 말을 자르면서 여자라는 점을 강조했어요.

"그건 안 됩니다. 그 금액이면 여비서들보다 세 배는 많아요."

코치 남자라면 평생 들을 일 없는 말이죠. 남자는 다른 사람들보다 훨씬 많은 연봉을 받아도 괜찮다, 그런 논리거든요. 세계적인 경영 컨설팅 회사 맥킨지가 남녀 대학생을 상대로 앞으로 예상되는 자신의 연봉 금액을 물었더니 남학생의 예상 금액이 여학생보다 최고 20퍼센트까지 많았다고 해요. 차이는 자질이 아니라 성별에서 나타납니다.[38] 말 그대로 겸손의 저주죠.

뮐러 하지만 나한테는 안 통해요. 어떤 말에도 굴하지 않고 계속 제 직급과 책임 범위를 강조했어요. 전임자의 연봉이 나보다 훨씬 높았던 것도 잊지 않고 언급했고요. 정확히 두 배는 됐거든요.

코치 인맥이 상당하십니다. 어떻게 그렇게 정확하게 알아냈어요? 그래서 협상 결과는 어땠나요?

뮐러 이번 광고 안이 나의 성과라는 점을 강조했죠. 그 부분은 바이머도 인정을 안 할 수가 없거든요. 프레젠테이션 때 나눠준 자료에도 제 이름이 크게 적혀 있으니까요. 이번 광고가 회사 이미지 관리와 판매에 큰 도움이 될 것이다, 나아가 광고상을 받을 확률도 높다, 그 점도 피력했고요.

코치 그래서 요구가 관철됐나요?

뮐러 전부 다 관철하지는 못 했어요. 개인 비서를 요구했지만 그건 거절당했거든요. 전임자의 비서였던 노이어 씨가 일을 워낙 잘해서 꼭 데려오고 싶었는데 말이죠.

코치 여성 관리자들의 경우 비서 없는 사람이 많아요. 암묵적으로 여자는 관리 업무와 비서 일을 다 할 수 있다고 생각하는 거죠. 일은 2인분, 임금은 1인분.

뮐러 꼭 비서가 필요한 것은 아니에요. 어차피 메일도 제가 다 보내고.

코치 비서는 실무도 처리하지만 신분의 상징이기도 합니다. 고급 주택에 앞마당이 딸려 있듯 관리자에게는 비서가 있죠. 앞마당 없는 고급 주택이 없듯 비서 없는 관리자는 없습니다. 비서 일을 같이 하다 보면 사람들이 당신을 비서로 인식합니다. 그 점을 잊지 마세요.

뮐러 어쨌거나 10퍼센트 인상은 얻어냈으니까 비서 문제는 다음에 다시 시도해보려고요.

코치 10퍼센트면 훌륭합니다. 축하드립니다. 사장님은 딸이 있나요?

뮐러 네. 딸이 둘이에요. 근데 그건 왜요?

코치 덴마크에서 나온 연구 결과를 보면 기업의 대표가 딸을 낳으면 그 기업 여성의 임금이 3퍼센트 이상 오른다고 합니다.[39] 두 번째 딸을 낳으면 거기서 1퍼센트가 더 오르고요. 딸을 낳는 순간 잠자던 양심이 깨어나는 것 같아요.

뮐러 　재미있는 연구네요. 그럼 잔더가 앞으로 딸을 서너 명 더 낳기를 바라야 하나요?

코치 　더 재미난 결과도 있습니다. 출세한 트랜스젠더가 성을 바꿀 경우 어떤 일이 일어날까요?

뮐러 　정말 흥미진진한데요.

코치 　같은 사람, 같은 능력, 같은 임금일 것이라고 생각하기 쉽죠.

뮐러 　당연하지 않나요?

코치 　그렇지 않아요. 두 명의 미국 학자가 입증했습니다. 남자가 여자가 되면 연봉이 내려가지만 여자가 남자가 되면 올라가요. 평균 1.5퍼센트 정도.[40]

뮐러 　그렇군요. 여러 가지 정보, 정말 감사드립니다. 신세를 많이 지네요.

코치 　다음에 만날 때 스물한 잔 중 한 잔을 사주시면 됩니다.

뮐러 　당연히 사드려야죠. 정말 술 한잔 꼭 대접하고 싶어요.

코치 　네. 기다리겠습니다.

"그건 원래 여자들이

잘하잖아요."

5.
남자는 어떻게 여자에게 일을 떠넘기나

～～～～～～～～～～～～～～～～～～～～～～～～～

처음 회의록을 작성한 날 다들 그녀가 무협 소설이라도 쓴 것
처럼 입에 침이 마르도록 칭찬을 퍼부었다.

"진짜 잘 썼네. 대단해."

볼프 베어가 말했다. 그 말을 번역하면 이랬다.

'나한테 이따위 자잘한 일을 미룰 생각일랑 꿈도 꾸지 마!'

악셀 슈미트도 거들었다.

"회의록을 쓰면 회사가 어떻게 돌아가는지 금방 파악이 되지."

'보아하니 아무 개념도 없는 것 같은데 회의록이나 쓰시지.'

우도 바이머도 지지 않았다.

"뮐러 씨가 회의록을 쓰니까 걱정이 사라졌어요."

'당신이 할 일은 없어. 회의록이나 써.'

하기 싫은 일이 생기면 모두가 말했다.

"뮐러 씨에게!"

～～～～～～～～～～～～～～～～～～～～～～～～～

왜 모든 잡일은
여자 몫인가

우도 바이머가 뮐러 씨의 사무실을 찾았다. 엄숙한 표정으로 그가 뮐러 씨 앞에 서더니 박수를 쳤다.

"잘 부탁드립니다. 만장일치로 뽑혔으니."

회사 관리자들이 투표를 해서 만장일치로 그녀가 선택됐다면 기뻐해야 할 일이지만, 이번에는 마냥 좋아할 수 없었다. "이 문제 풀 사람?"이라는 말을 수학선생님한테 들은 아이들처럼 모든 관리자가 먼 산만 쳐다보며 딴청을 피웠다. 회사 야유회 준비 위원회 회장을 뽑는 선거였기 때문이다.

예전에 페터 뮐러 시절에는 늘 노이어의 재능을 칭송하며 그녀를 방패 삼았다.

'나 말고 그녀를 뽑아!'

그러나 정작 야유회 준비를 의식해 노이어의 일을 줄여줄 생각은 하지 못했다. 그 정도 일쯤이야 업무 마치고 남는 시간을 활용하면 되고, 정 안 되면 퇴근하고 잠깐 일을 보면 될 것이라고 생각했다. 준비위원들이 모인 자리에 남자는 한 명도 없었다는 사실도 몰랐고, 그런 열악한 환경에서도 늘 준비가 완벽했다는 사실도 미처 깨닫지 못했다. 그러니 고마워할 줄도 몰랐고, 심지어 이것저것 트집을 잡기까지 했다. 맥주가 왜 한 가지밖에 없냐, 왜 밑반찬이 이것밖에 없냐, 고기가 왜 이렇게 질기냐……

*　*　*

바이머가 살짝 틀어진 넥타이를 바로잡으며 말했다.

"다들 우리 마케팅부장님을 이렇게까지 신뢰하는 줄 미처 몰랐어요. 제일 신참을 이렇게 전폭적으로 지지하기가 쉽지 않은데 말이야."

"신참"이라는 말이 "베이비"의 다른 말처럼 들렸다. 자신은 무사히 빠져나가 신이 난 것 같았다. 뮐러 씨가 바이머를 쳐다보며 말했다.

"질문이 하나 있어요. 우리 인사부장님은 이번 야유회에서 어떤 실질적 임무를 맡으셨죠?"

"야유회 비용 처리를 승인하고 준비 위원회 구성에 협력했죠."

"아, 네. 근데 저는 실질적 임무를 물었는데요. 뭘 담당하시겠어요? 샌드위치? 아니면 커피? 그것도 아니면 감자 샐러드?"

바이머가 환하게 웃었다.

"아, 맛있겠네요. 좋아요. 아내에게 한번 물어보죠."

뮐러 씨는 오늘도 창틀에 놓인 말라비틀어진 화분을 아쉬움이 가득 담긴 눈길로 바라봤다. 저걸 집어서 그냥 확!

"여기서 아내 이야기가 왜 나옵니까? 인사부장님 이야기를 하던 중인데. 감자 샐러드 만드실래요? 아니면 커피?"

바이머가 헛기침을 하며 넥타이를 고쳐 맸다. 넥타이를 만지는 손길이 꼭 심통이 나서 꽃잎을 쥐어뜯는 사내아이 같았다.

"이런, 정말 도와주고 싶지만 한 번도 만들어본 적이 없어서. 내가 껴봤자 괜히 방해만 될 테고."

"쉬워요. 가르쳐드릴게요."

"부엌일은 아무리 노력해도 잘 안 되더라고요. 재능이 없는지."

"하기 싫은 게 아니고요?"

바이머가 한쪽 다리에 싣고 있던 몸의 무게를 다른 발로 옮겼다.

"그럴 리가요. 하도 못하니까 아내도 말리죠. 하하하."

뮐러 씨가 눈길을 다시 창틀의 화분 쪽으로 돌렸다.

"좋아요. 그럼 다른 재능을 발휘할 수 있는 기회를 드리죠. 가서 족구할 건데 응원 도구를 좀 준비하려고요. 언제 만들 건가 하면……."

바이머가 화들짝 놀라며 손사래를 쳤다.

"부장이 그런 데 끼면 사람들이 불편해해요. 그리고 우리가 그런 일을 할 시간이 어디 있다고? 그리고 저번 주 내내 야근을 해서 이번 주엔 일찍 들어가 봐야 해요. 우리 애들한테 굿나잇 뽀뽀는 해주고 살아야 하지 않겠어요?"

뮐러 씨는 큰소리로 묻고 싶었다. 그 아이들이 배부르게 먹고 깨끗하게 이를 닦고 잘 빨아 말린 잠옷으로 갈아입고서 말끔한 침대에 들어가서 아빠의 굿나잇 뽀뽀를 받기까지 과연 누가 그 아이들을 돌보는지. 하지만 꾹 참고 대신 이렇게 말했다.

"이해합니다. 굿나잇 뽀뽀야말로 정말 힘든 가사 노동이니까요. 힘들어서 야유회 준비까지 할 여력이 있겠어요?"

바이머가 빨갛게 상기된 얼굴로 환하게 웃으며 대답했다.

"맞아요. 정말 그래요."

그가 나가려고 몸을 돌렸다.

"한 가지만 더요. 그런데 왜 나는 시간이 남아돈다고 생각하세요? 왜 나는 부엌일을 잘할 것이라고 생각하세요? 내가 응원 도구를 식은 죽 먹기로 만들 수 있다고 누가 그러던가요?"

바이머가 당황한 눈빛으로 뮐러 씨를 쳐다보더니 소리 죽여 웅얼거렸다.

"이만, 바빠서. 실례."

그가 후다닥 밖으로 달려나갔다.

실례? 실례인 줄은 아나?

내가
네 엄마냐

여자의 몸이 된 뒤 밀러 씨는 동료 관리자들의 뒤치다꺼리를 해주는 하녀가 된 기분이 자주 들었다. 하찮은 일은 전부 그녀 차지였다. 특히 회의 때 이브에게 갈비뼈를 빌려주신 남성분들이 뱉는 말을 글로 옮겨야 할 일이 생기면 모두 한결같은 표정으로 유일한 여성인 그녀를 쳐다봤다.

그녀의 기분은 숫자로도 확인됐다. 밀러 씨가 남자였을 때는 5년 동안 직장 생활을 하면서 딱 세 번 회의록을 작성했다. 그것도 전부 입사한 지 얼마 안 된 새내기 때였다. 시간이 흘러 직급이 높아지자 바쁜 일정을 핑계로 회의록에서 완전히 손을 뗐다. 그런데 여자가 되고 나서는 불과 6개월 동안 무려 열네 번이나 회의록을 썼다. 그녀가 관리자 회의의 서기가 된 것이다. 처음 회의록을 작성한 날 다들 그녀가 무협 소설이라도 쓴 것처럼 입에 침이 마르도록 칭찬을 퍼부었다.

"진짜 잘 썼네. 대단해."

볼프 베어가 말했다. 그 말을 번역하면 이랬다.

'나한테 이따위 자잘한 일을 미룰 생각일랑 꿈도 꾸지 마!'

악셀 슈미트도 거들었다.

"회의록을 쓰면 회사가 어떻게 돌아가는지 금방 파악이 되지."

'보아하니 아무 개념도 없는 것 같은데 회의록이나 쓰시지.'

우도 바이머도 지지 않았다.

"뮐러 씨가 회의록을 쓰니까 걱정이 사라졌어요."

'당신이 할 일은 없어. 회의록이나 써.'

하기 싫은 일이 생기면 모두가 말했다.

"뮐러 씨에게!"

특히 봉사활동이라 부를 만한 일은 모두 뮐러 씨에게 돌아왔다. 동료들을 궁지에서 구하고 그들에게 기쁨을 주며 그들의 삶을 윤택하게 만들어주는 일, 그것이 여자의 업무였다.

어느 날 잔더가 늘 그렇듯 허둥대다가 커피를 쏟았다. 갈색 액체가 탁자를 타고 흘렀다. 남자들은 번개처럼 반응했다. 모두 의자를 뒤로 빼며 서류가 젖을까 봐 얼른 집어 든 것이다. 그리고 모두 뮐러 씨를 쳐다봤다. 어서 뮐러 씨가 일어나 그들을 구원해주기를, 유일한 여자인 뮐러 씨가 재빠르게 달려가서 걸레를 들고 와 탁자를 원 상태로 돌려주기를 기다렸다. 뮐러 씨가 꼼짝도 하지 않자 잔더가 엄마에게 칭얼대는 아이처럼 말했다.

"뮐러 씨, 어떻게 하지? 아무래도 좀 도와줘야 할 것 같은데."

개가 똥을 싸자 평소에 무시하던 엄마를 다급하게 외쳐 부르는 사춘기 소년처럼 그를 불렀다. 여자가 되고 보니 앙겔라 메르켈의 별명이 왜 '엄마'인지 절로 이해가 갔다.

여자의 몸으로 태어나기만 하면 절로 걸레질 전문가가 되는 것일까? 여자는 엄마 배에서 선물 고르기 훈련이라도 받고 나오는 것일까? 여자는 태어나자마자 부엌으로 기어가서 식기 세척기를 돌리고 커피를 타는 것일까?

회사 복도에서 남자 둘이 싸움을 하면 왜 여자가 달려가 그들을 뜯어말리며 회사와 인류의 평화를 구해야 하는 것일까? 왜 동료에게 자녀가 생기면 축하 카드를 전부 여자 직원이 써야 하는 것일까?

* * *

오늘도 뮐러 씨에게 가장 비열한 덫을 씌운 인간은 악셀 슈미트였다. 관리자들이 모여 내년 예산안을 검토 중이었다. 갑자기 슈미트가 창문 옆의 참나무를 가리켰다.

"저것 좀 봐!"

검은색과 흰색 무늬가 섞인 아기 고양이였다. 태어난 지 얼마 안 된 듯 몸집이 병아리만 했는데 어쩌다 나무 꼭대기까지 기어올라 와서는 어찌할 바를 모르고 벌벌 떨었다. 남자들이 고양이를 보며 즐거워했다. 볼프 베어는 그 지긋지긋한 페퍼민트 냄새를 풍기며 입을 쩍 벌리고는 농담까지 했다.

"제일 큰 나무에 제일 아름다운 새가 앉는 법!"

모두 아무 일도 없었던 것처럼 다시 예산안 회의로 돌아가려던 찰나, 악셀 슈미트가 히죽히죽 웃으며 뮐러 씨에게 말했다.

"아무래도 고양이가 불쌍하지? 도와줘야 할 것 같은데. 뮐러 씨, 마침 전화기도 옆에 있네. 전화 좀 해봐요."

분명 그는 여성 동료가 떨리는 목소리로 구조대에 전화를 걸어 이 불쌍한 동물을 구해 달라고 애걸복걸하기를 바랐을 것이다. 남자들은 그런 것을 원한다. 객관적이고 중립적인 대화는 남자에게 맡기고 여자는 그저 부드럽고 감상적인 동물의 친구나 되기를. 길을 잃고 나무에 올라 벌벌 떠는 고양이처럼 사다리도 없이 높다란 기업 경영의 나무로 잘못 올라온 엄마, 그들에게 여성 동료는 그런 존재다.

뮐러 씨가 숨을 크게 들이쉬고 말했다.

"지난번 그 대단한 광고 아이디어로 미루어 보건대 고양이는 그쪽 부서 담당인 것 같은데요."

모두 웃음을 터트렸다. 슈미트가 주먹을 불끈 쥐었다.

여자로 사는 것이 이렇게 힘들 줄은 미처 몰랐다. 물론 장점도 있다. 뮐러 씨는 이번 야유회 때 남자 동료들에게 아주 특별한 즐거움을 선물하기로 결심했다. 두고 보라지. 다들 깜짝 놀랄 거다!

여자는 요리책,
남자는 자기계발서

뮐러 씨는 카페에 앉아 지나가는 사람들을 쳐다봤다. 퇴근 시간이라 다들 발걸음이 빨랐다. 스마트폰에 얼굴을 묻고 전철역을 향해 걸어가는 사람들이 많았다. 와플 냄새와 배기가스 냄새가 풍겼다.

지빌레 슈나이더가 제일 먼저 왔다. 매일 로비에서 신문을 들추는 뮐러 씨를 째려보던 산드라 클로제와 노이어도 곧 합류했다. 이번 야유회의 준비를 맡은 영광스러운 준비 위원들이었다. 짧은 인사말을 주고받고 음료를 주문한 뒤 본론으로 들어갔다.

"지금껏 남자가 이 모임에 온 적이 있었나요?"

뮐러 씨의 목소리에 살짝 분노가 실렸다.

"다행히 한 번도 없었죠."

산드라 클로제가 진짜 다행이라는 표정으로 대답했다. 다들 웃었다.

"우리는 퇴근 뒤에 돈 한 푼 못 받고 여기서 회의를 하는데 월급 빵

빵하게 받는 남자 부장님들은 손가락 하나 까딱 안 한다, 이 말이죠?"

지빌레 슈나이더가 끼어들었다.

"우리 부서에서 생일 선물 준비를 남자들에게 맡긴 적이 있어요."

"아주 잘했네요."

뮐러 씨가 말했다.

"아주 잘한 건 아니죠. 절반은 잊어버렸으니까요. 아마 못 챙겨 받은 사람들은 속으로 화냈을 거예요."

"왜 물 잔이 반이나 비었다고 생각하죠? 어쨌든 반은 챙겼잖아요."

뮐러 씨가 물었다. 지빌레가 인상을 썼다.

"어떻게 챙겼는지가 중요하죠. 아주 가관이었어요."

"무협지 소설이라도 줬어요?"

산드라 클로제가 웃으며 물었다.

"더 최악이에요. 저는 네일 관리 쿠폰을 받았고, 옆자리 아니타는 채식 요리책을 받았어요. 근데 남자 직원들은 출세에 도움이 되는 자기계발서를 받았거든요."

남자였던 시절 노이어에게 미용실 쿠폰을 선물로 줬던 뮐러 씨는 속으로 뜨끔했다. 아이가 둘인 여직원에게 육아서를 선물한 적도 있다. 당시 그는 그런 식의 여성관에 너무 익숙해져 있어서 그런 선물을 받은 여성들이 기분 나빠할 것이라는 생각을 한 번도 한 적이 없었다. 또 그것이 다른 방식의 여성 차별이라는 사실조차 인식하지 못했다.

남자들은 직업이나 전문적 역할에 관련된 선물을 받는다. 하지만 여자들은 외모나 요리, 자녀에 관련된 선물을 받는다. 마치 주업이 여자고 부업이 회사 직원인 것처럼. 그래서 생일 케이크 사는 것도 모두 당연히 여자가 해야 할 일이라고 생각한다.

"그래서 어떤 결론을 내렸어요? 남자들은 선물을 못 산다? 야유회 준비를 못 한다? 여자들이 총대를 메야 한다? 그런 생각이 우리 스스로를 도우미로 만드는 거예요. 그게 바로 남자들의 수법이죠."

"맞아요. 하지만 인사부장님한테 야유회 준비 한번 시켜보세요. 전 직원을 축구장으로 몰고 가서 깃발 흔들게 할 걸요?"

지빌레가 말했다. 그것이야말로 뮐러 씨가 원하는 반응이었다. 이제는 대화를 그가 원하는 방향으로 끌고 갈 수 있게 됐다.

"그럼 우리도 우리가 원하는 야유회를 한번 만들어봅시다. 남자들이 좋아할 야유회가 아니라 우리가 좋아할 야유회. 진짜로 골탕을 한번 먹어보면 내년부턴 자기들이 팔 걷어붙이고 나서지 않겠어요?"

가만히 듣고만 있던 제일 연장자 노이어가 마침내 입을 열었다.

"정말 대단한데요. 왜 우린 여태 그런 생각을 못 했을까요? 우리가 자기들 입맛에 맞게 준비를 하니까 계속 우리를 시키는 건데. 자기들 마음에 안 들면 직접 나서겠죠."

"역시 노이어 씨는 제 편이네요."

뮐러 씨가 말했다. 여자 넷이 머리를 맞대고 계획을 짰다. 연신 웃음소리가 터져 나왔다.

"다들 어떤 표정일지 너무너무 궁금한데요."

뮐러 씨가 말했다.

하기 싫은 일을 교묘하게
피해 가는 남자들의 전략

집이 코앞인데 액셀을 밟아대는 데는 이유가 있었다. 남녀 경찰 두 명이 그의 집 앞에 서 있었다. 얀이다! 결국 얀이 신고를 했구나! 도망치는 은행 강도처럼 속력을 높였다. 뒷거울로 보니 경찰이 순찰차에 올라타고 있었다. 나를 알아봤나? 추격을 하려는 것일까?

* * *

뮐러 씨는 오늘 하루를 관찰하는 데 투자했다. 평소처럼 자기 사무실로 들어가지 않고 전기 공사를 한다는 핑계로 부서 직원들이 쓰는 큰 사무실에 슬쩍 끼어 앉았다. 마케팅 부서에는 여덟 명의 남자 직원과 네 명의 여자 직원이 일한다. 뮐러 씨는 인턴 사원이 쓰던 빈자리에 앉아서 온종일 스파이처럼 직원들을 관찰했다. 부서의 업무가 어떻게 나뉘고 있는지 알고 싶었기 때문이다.

처음 몇 시간은 다들 긴장한 티가 역력했다. 부서장이 옆에 있으니 아무래도 신경이 쓰였을 것이다. 하지만 점심시간이 다가오자 직원들은 평소처럼 수다도 떨고 농담도 하면서 바쁘게 서로의 자리를 오갔다. 부서장이 있다는 사실을 잊은 것 같았다. 뮐러 씨는 꼼짝도 하지 않고 가만히 앉아만 있었다. 한마디도 하지 않고 귀와 눈만 활짝 열어 직원들을 살폈다.

관찰의 결과는 황당했다. 일이 남자 직원들의 책상에서 여자 직원들의 책상으로 폭포수처럼 쏟아졌다. 당연히 칭찬과 아부의 말도 함께 쏟아져 내렸다. 고객 전화 응대가 가장 대표적이었다. 남자 직원이 까다로운 고객을 상대하다가 지치면 곧바로 이렇게 말했다.

"잠깐만요. 담당 직원 바꿔드리겠습니다."

그러고는 큰소리로 외쳤다.

"베티나, 제발 도와줘요. 고객 담당은 베티나 전문이잖아. 나 죽을 것 같아."

그럼 칭찬에 으쓱해진 베티나가 얌전히 전화를 받았다. 수화기에선 화난 고객의 분노가 콸콸 쏟아져 나왔고, 그녀는 계속 사과를 해댔다.

"그 점은 정말 죄송합니다."

"두 번 다시 그런 일이 없도록 철저하게 조치하겠습니다."

베티나가 땀을 삐질삐질 흘리며 고객을 달래는 동안 정작 일을 떠넘긴 남자 직원은 자기 일에 푹 빠져 있었다. 그 불만 전화는 30분 동안 이어졌다.

또 다른 장면. 남자 직원 토마스가 고개를 푹 숙이고 파트리치아의 책상 옆에 서 있다.

"왜 그래?"

그녀가 묻는다.

"파트리치아, 나 죽을 것 같아."

"어디 아파? 왜 그러는데?"

"그게 아니라……."

그가 한참 뜸을 들이더니 입꼬리를 축 내렸다.

"아니면?"

"나 못하겠어."

"뭘?"

"이 공문 말이야. 오늘 써야 할 게 열 개야. 대책이 없어."

업무의 산사태에 파묻힌 남자가 하늘을 향해 기도를 올렸다. 천사가 날개를 활짝 펴고 미소를 지으며 말했다.

"내가 좀 도와줄까?"

"미안해서 그렇지, 매번. 할 일도 많은데 내 일까지 해주면."

"갖고 와."

그렇게 다시 일은 여자 직원의 책상으로 쏟아졌다. 당연히 해도 해도 끝나지 않을 잡무들이고, 아무리 열심히 해도 명예가 보장되지 않을 자잘한 일들이다. 더구나 상부에 결과 보고를 하는 토마스의 입에서 파트리치아의 이름은 단 한 번도 언급되지 않았다.

＊ ＊ ＊

그날 하루 동안 뮐러 씨는 그런 장면을 몇 차례나 목격했다. 하지만 화를 내야 할지 부끄러워해야 할지 갈피를 잡지 못했다. 온종일 과거의 자신을 거울로 바라보는 기분이었다. 예전의 뮐러 씨야말로 여자들을 이용해 출세의 계단을 오르는 전문가가 아니었던가. 그때 그도 걸핏하면 성 역할을 들먹였다.

"세 가지 일을 동시에 하라니, 남자인 나는 절대로 못 해."

일에 치여 너부러진 불쌍한 남자! 그는 그런 가면을 뒤집어쓰고 동료 여직원의 선량한 마음에 호소했다.

"멀티태스킹이라면 역시 네가 최고잖아. 세 가지 일 중에서 소소한 두 가지만 좀 도와줘. 인간 하나 구한다고 생각하고."

그런 아첨과 읍소를 당한 여성에게 남은 대답은 두 가지뿐이었다. 매정한 인간으로 낙인찍히지 않으려면 첫째도 "그래."요, 둘째도 "그래."였다. 그 결과 125쪽짜리 자료 수정 업무가 그녀에게 넘어갔다. 관리 대상 고객 명단을 작성하는 것도 그녀의 몫이 됐다. 페터 뮐러의 책상에는 상사에게 올릴 마케팅 전략 보고서만 남았다. 그는 그 일에만 매진했고, 덕분에 훌륭한 결과물을 내놓았다.

"뮐러 씨, 대단한데. 다른 일도 많은데 이렇게 멋지게 해내다니."

상사는 최고 직원의 능력을 듬뿍 칭찬했다.

이런 방법으로 그 옛날 뮐러 씨는 동료 여직원들을 물리치고 출세의 사다리를 척척 올랐다. 그들은 선의로 그를 도왔지만, 그는 그들의 착한 마음을 승진의 디딤돌로 이용했다. 그런데 그런 남녀의 게임이 지금도 진행 중이었다. 그의 부서에서도.

* * *

강한 불빛에 눈이 부셔 밀러 씨는 현실로 돌아왔다. 200미터 앞 교차로에 경찰차 한 대가 서 있었다. 곤봉을 든 경찰이 다가오는 차를 전부 세웠다. 경찰이 그를 찾고 있는 것이다! 페터 밀러가 사라진 이유를 아는 유일한 사람! 그러나 그 진실이 너무도 복잡해 밝힐 수 없는 사람!

그의 차가 점점 경찰차와 가까워졌다. 심장이 터질 것 같았다. 이제 페트라도 끝인가? 경찰이 그의 차로 다가왔다. 밀러 씨가 창문을 내렸다.

"제가 페트라 밀러입니다."

그는 자수를 했다.

"저는 허버트 글라저라고 합니다."

경찰이 말했다.

"속도를 줄이라고 말씀드리려고 차를 세웠습니다. 저 앞쪽 교차로에 유조차가 넘어져서 길바닥이 온통 기름 범벅입니다. 그럼 안전 운전 하십시오."

준 만큼 돌려받아라,
상대가 남자건 여자건

버스 안의 분위기는 시간이 갈수록 고조됐다. 스피커에선 댄스 음악 전문가 볼프 베어가 선곡한 음악이 흘러나왔다. 벌써 맥주 캔이 이리저리 오갔다. 뮐러 씨는 어릴 때 타고 다니던 스쿨버스가 생각났다. 여자아이들은 앞쪽에 얌전히 앉아서 소곤소곤 이야기를 나누거나 창밖을 바라봤다. 하지만 남자아이들은 뒤로 우르르 몰려가서 장난을 치며 괴성을 질렀고 차창을 흔들어댔다.

뒷좌석에 관리자들이 쪼르르 앉아 있었다. 슈미트, 베어, 바이머, 되르플링거, 그리고 잔더까지. 볼프 베어가 신이 나서 계속 건배를 외쳐댔다. 뮐러 씨는 노이어와 나란히 앉아서 의미심장한 시선을 주고받았다. 버스가 목적지에 가까워졌다. 30분만 있으면 도착할 것이다.

"대체 어디로 가는 거야?"

우도 바이머가 큰소리로 물었다.

"지옥으로 갑니다."

거짓말할 줄 모르는 뮐러 씨가 사실대로 대답했다.

"왜 이번에는 주전부리가 없어요?"

"인사부장님 하던 대로 했거든요."

뮐러 씨가 대답했다. 버스가 고속도로를 벗어나 계곡 길을 따라 달렸다. 반짝이는 강물이 굽이굽이 흘렀다. 길 양쪽으로 긴 가지를 뻗은 가문비나무가 늘어서 있어 해를 가렸다. 버스가 오르막길로 접어들었다. 언덕 꼭대기에 멋진 집이 하나 나타났다.

"요리의 명장, 슈테어."

입구에 커다랗게 적혀 있었다. 버스 문이 끼익 열렸다.

"와, 여기서 밥 먹는 거야?"

악셀 슈미트가 신이 나서 큰소리로 외쳤다.

"그 맥주 잘 챙겨와요."

볼프 베어는 앉으나 서나 맥주 생각뿐이었다. 유일하게 양복을 입고 온 잔더는 말이 없었다. 아마 이런 비싼 식당에서 밥을 먹으면 누가 계산을 하나, 그런 생각을 했을 것이다.

* * *

150킬로그램의 거구가 흰옷을 입고 식당 문 앞에 서 있다가 눈사태에 휩쓸린 눈덩이처럼 버스를 향해 우당탕 달려왔다. 요리사 모자까지 합치면 키가 2미터는 될 것 같았다.

"뮐러 씨?"

그가 브라스밴드의 튜바처럼 목소리를 깔고 물었다.

"그 유명하신 슈테어 셰프시군요."

슈테어가 싱긋 웃었다. 뮐러 씨가 그를 선택한 이유는 뛰어난 요리 실력 때문이 아니었다. 그가 오랫동안 교도소 식당에서 주방장으로 일했고, 그 경험을 바탕으로 문제를 일으킨 청소년들에게 요리를 가르치는 수업을 하고 있기 때문이었다. 슈테어가 버스에서 뛰어내리는 남자들을 힐끗 쳐다보면서 물었다.

"저기 저분들이 교화시킬 문제아들입니까?"

"죄송해요. 조금 더 괜찮은 애들을 데리고 왔어야 하는데."

슈테어가 그들에게로 걸어갔다. 그리고 손뼉을 짝짝 쳐서 관심을 모은 뒤 큰소리로 외쳤다.

"자, 자. 조용. 남자분들은 전부 나를 따라옵니다. 자, 빨리빨리!"

"거 말투가 영 거슬리네. 돈 내고 밥 먹으러 온 손님한테."

악셀 슈미트가 항의했다. 슈테어가 슈미트에게로 바짝 다가섰다. 슈미트는 큰 산의 발치에 선 난쟁이 같았다.

"여기 이게 주먹이죠."

슈테어가 거대한 주먹을 대장간의 망치처럼 하늘로 번쩍 치켜들었다. 마구 떠들어대던 남자들이 입을 다물었다. 슈테어가 장군처럼 앞장서서 걸어가자 모두 쭈뼛거리며 그를 따라갔다. 박자를 맞춰 행진하는 병사들처럼. 하나둘, 하나둘!

여자들은 테라스로 걸어가서 편안하게 자리를 잡았다. 종업원이 커피와 빵과 아이스크림을 가져왔다. 뮐러 씨는 생크림 딸기 아이스크림을 주문했다. 산들바람이 불었다. 여기서 살면 정말 좋겠다, 싶었다.

계곡이 한눈에 내려다보였다. 나무가 장난감만 했고, 굽이쳐 흐르는 강은 초록색 종이에 파란색 연필로 그어놓은 선 같았다. 여자들은 이제야 기분을 내기 시작했다. 농담도 하고 험담도 하고 얼굴을 간질이는 햇살도 즐겼다.

"남자들은 재미있겠다. 요리도 하고."

뮐러 씨가 말했다.

"샐러드도 만들고."

지빌레도 한마디 했다.

"빵도 굽고."

노이어도 거들었다.

"셰프님이 화가 나서 다 믹서에 넣고 갈아버리지 않을까요?"

산드라 클로제가 물었다.

"그럴 리 없어요. 맛이 없을 거거든."

뮐러 씨가 대답했다.

때로는 실수도 필요하다

밀러 씨가 소파에 앉아서 노트북을 켰다.

밀러 제가 사고를 쳤어요.

코치 스물한 잔을 다 마셨어요?

밀러 술은 한 방울도 안 마셨어요. 우리 남성분들은 정신이 혼미했겠
지만.

코치 술자리에서요?

밀러 아니요. 야유회 가서요. 이번에도 준비를 여자들한테 떠맡겼거든
요. 그래서 제가 골탕을 좀 먹였죠.

코치 어떻게요?

밀러 요리 수업에 데리고 갔어요. 교도소에서 요리하던 분인데, 문제
를 일으킨 청소년들에게 요리를 가르치시죠.

코치 와, 구경 갈 걸!

뮐러 사실 저도 구경하고 싶었어요. 인사부장 바이머가 믹서를 뚜껑
도 안 닫고 돌려서 생크림 폭탄을 맞았다고 하더라고요.

코치 볼만했겠는데요.

뮐러 전쟁터에서 살아 돌아온 패잔병 꼴이었다니까요. 잔더는 칼질을
할 때 양파랑 손을 헷갈리는 바람에 큰 반창고를 손가락에 붙였
고, 슈미트는 팔에 파스를 붙였고, 되르플링거는 칼에 얼굴을 긁
혀서 빨갛게 부었어요.

코치 목적이 무엇이었습니까?

뮐러 남자들한테 보여주고 싶었어요. 여자들이 어떤 기분인지. 지금까
지 음식 준비는 전부 여자들이 알아서 했거든요. 우리한테 맡기
면 우리 마음대로 한다는 것을 보여줬으니, 앞으로는 자기들이
알아서 준비를 하겠죠.

코치 아마 다들 충분히 알아들었을 겁니다.

뮐러 네. 돌아오는 길에 내년에는 가만히 안 있겠다고 하더군요. 근데
정말 제가 잘한 걸까요? 어떻게 생각하세요?

코치 그 사람들하고 친구는 못 되겠지만 어쨌든 존중은 받겠죠. 사실
그게 더 중요합니다. 이제 아무도 당신을 함부로 대하지 못할 겁
니다.

뮐러 이미 함부로 대하고 있는 걸요. 매주 관리자 회의 때 회의록을
제가 쓰거든요.

코치 보나마나 하나도 안 빼고 정확하게 쓰려고 노력하시겠군요.

뮐러 당연하죠. 맡은 일은 잘하고 싶어요.

코치 회의 내용을 마케팅 부서에 유리하도록 해석해서 마음대로 적고
틀리게 적고, 그럼 어떻게 될까요?

뮐러 항의하겠죠.

코치 그다음에는요?

뮐러 저한테 안 맡기겠죠.

코치 그게 나쁜 일입니까?

뮐러 아니죠. 제가 원하는 일이죠. 하지만 실수는 하고 싶지 않아요.

코치 혹시라도 실수를 하면 어떻게 하시나요? 이렇게 말씀하시죠?
"잘못 적어서 죄송합니다."
남자들은 어떻게 말할까요?
"실수가 그게 다야? 더 없어? 내가 이따위 회의록이나 적고 있을
시간이 어디 있어? 지난주만 해도 중요한 계약을 세 건이나 성
사시켰는데."
어느 쪽이 자신의 이미지에 더 도움이 될 것 같습니까?

뮐러 그러니까 실수도 유익하게 이용하라?

코치 바로 그겁니다. 회의에 늦었을 때 대부분의 여성은 조용히 들어
와서 소리 죽여 중얼거립니다.

"늦어서 죄송합니다."

남자들은 당당하게 들어와서 큰소리로 외칩니다.

"축하해줘. 30만 유로짜리 계약을 성사시켰어!"

뮐러 일부러 실수를 저질러서 더 중요한 일이 있다고 온 세상에 알리
면 하기 싫은 일은 하지 않아도 된다?

코치 방금 인류의 큰 비밀 하나를 발설하셨습니다. 많은 남자가 자기
는 요리를 못한다고, 청소도 못하고 기저귀도 못 간다고 주장하
는 이유가 바로 그것이죠. 하기 싫은 일을 안 하려는 겁니다. 그
전략이 얼마나 잘 통하는지 한번 주의 깊게 살펴보세요.

뮐러 그래도 저는 일 못한다는 소리는 듣고 싶지 않아요.

코치 물론 핵심 업무를 할 때는 실수하면 안 되죠. 파레토 원칙이라고
들어보셨습니까? 업무의 20퍼센트가 성공의 80퍼센트를 만듭니
다.[41] 어떤 업무가 평가의 척도인지 찾아내야 합니다. 예를 들어
몸이 아파서 하루 2시간밖에 일을 못 한다고 상상해보세요. 어
떤 일을 먼저 하시겠습니까? 우선순위가 1등인 그런 업무에 가
장 많은 노력과 에너지를 투자하십시오. 나머지에 관해선 의도
적으로 게을러야 합니다. 그래야 진짜 중요한 일에 에너지를 쏟

아부을 수 있습니다.

뮐러　그래도 동료가 정말 힘들어서 살려 달라고 하면 어떻게 하죠?
　　　모르는 척하면 너무 냉혹해 보이지 않을까요?

코치　당연히 서로 돕고 살아야죠. 하지만 내가 도우면 나도 도움을 받
　　　을 수 있어야 합니다. 같은 공격엔 같은 무기로! 잊지 않으셨죠?
　　　먼저 구조 신호를 보내 한번 실험해보세요.

뮐러　안 도와주면요?

코치　거머리가 다리에 붙으면 어떻게 하시겠어요?

뮐러　얼른 떼어내야죠.

코치　바로 그겁니다. 도움을 바라면서 자기는 돕지 않는 동료는 동료
　　　가 아니라 당신의 양분을 빼앗아가는 기생충입니다. 과감하게
　　　떼어내세요.

뮐러　여자들이 생일 챙기고 커피 타고 설거지하고 그러는 거 어떻게
　　　생각하세요?

코치　그런 여직원들이 칭찬을 많이 받죠. 친절하다, 상냥하다, 마음씨
　　　가 곱다. 하지만 그 말은 '우리는 널 무시한다.'라는 뜻입니다. 동
　　　료들이 당신의 이름을 들었을 때 전문성과 성공한 프로젝트를
　　　떠올리도록 해야지, 세상에서 커피를 제일 맛있게 타는 사람이

라고 생각하게 해서는 안 되는 겁니다. '이달의 최고 바리스타'
로 선정되고 싶다면 굳이 말릴 생각은 없습니다만.

뮐러 너무 꼬인 것 아닌가요? 그렇게 동료들 챙기는 사람들을 보면
보통 마음씨가 정말 곱거든요.

코치 번 아웃으로 병원에 실려 가는 사람들 중에도 마음씨 고운 여성
이 많습니다. 다른 사람 챙기느라 정작 진짜 중요한 사람을 못
챙긴 거죠. 그게 누군지 아십니까? 바로 자기 자신입니다.

뮐러 인간적인 행동을 너무 폄하하시는데요?

코치 제가 드릴 수 있는 조언은 두 가지뿐입니다. 첫째, 지위에 어울리
게 행동하라. 관리자면서 설거지나 하고 있다면 그건 업무 위임
능력이 부족하고 업무 우선순위 판단력이 흐리다는 증거입니다.
둘째, 저는 확신을 갖고 있습니다. 인간적인 행동은 절대로 일방
통행이어서는 안 됩니다. 준 만큼 돌려받아야 합니다. 상대가 남
자건 여자건.

뮐러 몇 달 전에 한 부서에서 생일 선물 준비를 남자 직원들에게 맡겼
더니 아주 엉망이 됐다고 하더군요. 날짜를 아예 잊고, 어이없는
선물을 하고.

코치 조금 전에도 말씀드렸죠? 하기 싫은 일을 하지 않으려면 멍청이
노릇도 필요하다고요. 제가 만약 그 부서에서 일했다면 끝까지

남자들에게 맡겼을 겁니다. 영어 수업 시간에 학생이 단어를 못 외워 오면 영어 수업을 빼줍니까? 더 많이 시키고 괴롭혀야죠.

뮐러 안타깝게도 그 부서는 다시 여자 직원들이 맡기로 했다는군요.
코치 앞으로는 달라져야 합니다. 번뜩이는 아이디어가 많으시잖아요. 한번 아이디어를 내보세요.

뮐러 네. 그럴게요. 우리 얼굴 한번 볼까요? 식사 어때요?
코치 네. 좋습니다. 다만 한 가지 조건이 있습니다.

뮐러 조건요?
코치 교도소 주방장의 요리 강습은 싫습니다.

뮐러 하하. 약속하죠.

"사랑하는 남자를 힘껏 돕는 것이

왜 잘못이죠?"

6.
사랑과 커리어는
반대말이
아니다

~~~~~~

"직장인으로서의 넌 내 롤모델이야. 당당하고 멋지고. 그런데
집에만 가면……."

"서른다섯 살이나 먹은 남자를 아이처럼 먹이고 입히고 재우고
한다고? 그 말이 하고 싶은 거지?"

"최근에 유치원 관련 기사를 쓰느라 유치원에 갔었거든. 그런데
그 나이가 되도록 젖꼭지를 물고 다니는 아이가 몇 명 있었어.
그렇게 오래 젖꼭지를 물고 다니는 이유가 뭔지 알아?"

"구강기가 어떻고 항문기가 어떻고 그렇겠지."

"아니. 부모가 아이를 필요 이상으로 오래 아기 취급하면 필요
이상으로 오래 아기처럼 행동한다고 해. 오랫동안 젖꼭지에 집
착하거나 밤에 오줌을 싸는 거지."

"오줌은 안 싸."

~~~~~~

사랑에 빠지면
달라지는 것

기분 좋은 꿈을 꾸고 눈을 뜬 뮐러 씨 옆에 웬 남자가 누워 있다. 누가 딸기라도 넣어주기를 기다리는 듯 입을 살짝 벌린 프리돌린 폰 슈테른베르크가 쌕쌕거리며 잠을 자고 있다. 들이쉬었다, 내쉬었다 하는 그의 숨소리가 멀리서 들리는 피리 소리마냥 아득했다. 뮐러 씨는 호기심 많은 아기처럼 그 모습을 가만히 들여다봤다.

'튜브에서 바람 빠지는 소리 같군.'

뮐러 씨는 얼른 고개를 저어 낭만을 깨는 이런 건조한 생각을 털어버렸다.

'아냐. 프리돌린의 입에서 나오는 소리는 예술가가 부는 마법의 피리 소리 같아. 아름다워라!'

페터 뮐러의 지원서에 붙은 사진을 보며 처음 느꼈던 그 감정이 다시 그의 온몸을 타고 흘렀다. 당시 그는 자신의 감정을 애써 부인했다. 하지만 마음은 이성과 다른 방향으로 흘렀다. 낚싯줄에 걸린 물고기마냥 그는 가고 싶지 않은 물가로 점점 딸려갔다. 남자에게 자꾸만 마음이 갔던 것이다. 결국 오늘 그의 옆에는 한 남자가 누워 있다.

밀러 씨가 뒤척였다. 그의 눈길은 여전히 딸기를 기다리는 프리돌린의 입을 향했다. 지금껏 그는 남자라는 도시를 안에서만 바라봤다. 저 깊숙한 곳, 지하철 선로나 터널 같은 저 안쪽에서만 봤다. 그러다 이제야 처음으로 남자를 바깥에서 바라보게 됐다. 프리돌린이 그의 마음에 불러일으킨 감정은 남자로서 상상했던 것보다 훨씬 더 깊고 더 멋졌다. 어느 날 호수에 풍덩 빠진 납작한 돌이 물의 깊이를 어찌 알았겠는가.

프리돌린을 향한 사랑은 동화처럼 시작됐다. 카차와 농구장 근처의 산책로에서 조깅을 하다가 거기서 농구를 하던 프리돌린과 눈이 마주쳤던 것이다. 그날 이후 밀러 씨는 길을 쳐다보지 않았고, 프리돌린은 공을 쳐다보지 않았다. 먼저 말을 건 쪽은 프리돌린이다. 그날 이후 그는 농구를 접고 밀러 씨와 함께 조깅을 하기 시작했다. 함께 달리는 날이 많아질수록 두 사람은 점점 가까워졌고, 결국 어느 날 밤 조깅을 마치고 함께 밀러 씨의 집으로 향했다.

* * *

밀러 씨가 사랑이 그득한 눈으로 잠자는 프리돌린의 머리를 쓰다듬었다. 머리를 감고 드라이를 하지 않으면 끝이 곱슬머리처럼 살짝 말려서 너무나 귀여웠다. 얼굴을 쓰다듬자 프리돌린이 꿈틀거리며 뭐라고 중얼거렸다.

"언제 출근이야?"

뮐러 씨가 물었다.

"절대 안 할 거야. 앞으로 100년 동안 여기 있을 거야."

"그럼 지금이 5시라는 말은 안 해도 되겠네?"

"5시?"

프리돌린이 벌떡 일어났다.

"나 아침조야. 늦었어."

"하루 이틀 일한 것도 아닌데 뭘 그래? 병원 사람 다 아는데."

"아버지 밑에서 일하는 게 얼마나 괴로운지 모를 거야."

프리돌린의 아버지는 아들이 일하는 병원의 병원장이다. 뮐러 씨는 그 사실을 알지만 사람보다 재산에 관심이 많다는 인상을 주기 싫어서 굳이 그 이야기를 꺼내지 않았다. 남자였을 땐 한 번도 그런 생각을 한 적이 없었다. 그런데 여자가 되고 나니 이상하게 신경이 쓰였다.

"자기, 나 과일 샐러드 좀 준비해줘."

프리돌린이 욕실로 달려가면서 외쳤다. 뮐러 씨는 따뜻한 침대를 빠져나와 잠이 덜 깬 상태로 부엌으로 걸어가 과일을 찾았다. 사과 하나와 배 두 개가 냉장고에 들어 있었다. 뮐러 씨는 그것을 잘게 썰어서 통에 담은 뒤 현관 앞에 놓았다. 그리고 다시 이불 속으로 들어갔다. 고된 하루가 기다리고 있었다. 잠이 필요했다. 하지만 허겁지겁 욕실을 나온 프리돌린이 옷을 입으며 물었다.

"멀티 비타민 넣었어?"

"엥?"

뮐러 씨가 무슨 소리냐는 듯 물었다.

"과일 샐러드에 액상 멀티 비타민 오렌지 맛, 넣었어?"

"아니."

뮐러 씨가 대답했다.

"그거 넣어야지. 안 그러면 맛없어."

뮐러 씨가 다시 침대에서 나와 샐러드 통 뚜껑을 열고 액상 멀티 비타민을 넣었다. 사랑은 위장을 타고 온다는 속담도 있지 않은가. 프리돌린이 샐러드 통을 흘깃 보더니 말했다.

"이게 다야? 너무 단조로운걸. 우리 엄마는 항상 오렌지와 키위를 깔던데."

"마마보이. 서른다섯 살이나 먹고 아직 엄마랑 같이 살다니."

"나더러 짐 싸서 이리로 오라는 소리 같은데?"

"엄마랑 사는 게 당연히 더 좋겠지."

프리돌린이 뮐러 씨의 머리를 쓸어 넘겼다.

"이 세상 어디에도 여기보다 좋은 곳은 없어."

키스를 한 프리돌린이 샐러드 통을 들고 나갔다. 1시간쯤 더 잘 수 있었다. 하지만 뮐러 씨는 쉽게 잠을 이루지 못했다. 프리돌린 때문에 잠이 다 달아나버렸다.

남자의 무기를
사용하는 법

메일함에 얀이 보낸 메일이 자꾸 쌓여갔다.
페터를 걱정하는 얀이 계속 메일을 보냈다. 뮐러 씨는 멍하니 메일함
을 들여다보며 어떻게 해야 할지 고민에 빠졌다.

문이 벌컥 열렸다. 악셀 슈미트가 달려들어 왔다.

"페트라 뮐러 씨, 이거 해도 해도 너무하는 거 아닙니까? 도저히 못
참겠네. 나만 그렇게 생각하는 게 아니라니까."

뮐러 씨가 개인 메일을 로그아웃했다. 그리고 업무용 메일을 열어
에이전시의 제안서를 클릭했다. 반응이 없자 슈미트가 더 큰소리로
고함을 질렀다.

"독일 광고상 시상식에 왜 당신이 가? 사장님하고 합의한 것도 아
니라면서. 그건 안 되지."

뮐러 씨가 메일 몇 통을 보관함으로 옮기고 답장을 쓰기 시작했다.
그래도 대답이 없자 슈미트는 발을 쾅쾅 굴렸다.

"경고했어요. 시상식 가서 딴짓하지 마요."

전화가 울렸다. 밀러 씨가 아무도 없는 것처럼 전화를 받았다.

"아, 프리돌린. 아침에 안 늦었어? 알았어. 다음부터는 오렌지하고 키위 넣어줄게. 아, 그런데 그만 끊어야겠다. 중요한 회의가 있어서. 그래. 이따 봐."

"그래. 회의합시다. 이리 좀 와서 앉아 봐요."

슈미트가 투덜대며 사무실의 작은 탁자를 가리켰다. 밀러 씨가 바깥 사무실의 직원에게 메신저를 보냈다.

"페트라 밀러 씨, 우리 이야기 좀 합시다."

와, 슈미트가 저자세로 바뀌었다. 갑자기 달려와 협박을 하면 통할 줄 알았는데 뜻대로 안 되니까 방법을 바꿔 애원하기 시작했다. 토마스 뵈쉬가 문을 빼꼼 열고 고개를 들이밀었다.

"아, 손님이 계시는군요. 이따가 다시 올까요?"

"아니. 들어와요. 괜찮아요."

밀러 씨가 말했다. 토마스가 밀러 씨의 사무실로 들어와 밀러 씨가 가리키는 작은 탁자 앞에 가서 앉았다. 슈미트는 비가 억수같이 쏟아지는 날씨에 간발의 차로 스쿨버스를 놓친 초등학생마냥 멍하니 서 있더니 쭈뼛쭈뼛 돌아서서 밖으로 나갔다.

"뵈쉬 씨가 이 공문 작성한 거 맞죠? 왜 이렇게 엉망이에요?"

젊은 남성의 시선이 탁자 위의 종이로 향했다.

"정말요? 아, 근데 그게…… 제가 한 게 아니고 파트리치아 슈토름 씨가 한 거라서."

밀러 씨가 그를 째려봤다.

"토마스 뵈쉬 씨한테 맡긴 거 같은데."

"아, 네. 제가 바빠서 대신해준 겁니다."

"어쩐지. 농담이에요. 아주 완벽해요. 흠잡을 데 없이 깔끔하고. 그럼 나가보셔도 되겠네요."

뵈쉬가 머뭇머뭇하더니 고개를 푹 숙이고 걸어갔다.

"아, 잠깐만요. 그럼 파트리치아 슈토름 씨 좀 들어오라고 하세요."

회사와 집,
두 개의 직장이 생겼다

"그럼 좀 자세히 살펴봅시다."

잔더가 말했다. 회의실에 모인 관리자들이 프로젝트 자료를 뒤적였다. 뮐러 씨는 계속 시계를 쳐다봤다.

'이러다 늦겠는데. 마트 들렀다 저녁밥 하려면 시간이 촉박해. 프리돌린이 퇴근할 시간까지 저녁밥을 할 수 있을까?'

프리돌린과 동거를 시작한 뒤로 뮐러 씨는 직장을 두 군데 다니는 기분이 들었다. 회사에서 온종일 일하고 퇴근한 다음 다시 집으로 일을 하러 가는 기분이었다. 어느 쪽이 더 고된지 잘라 말할 수 없을 정도로 양쪽 일 모두 힘이 들었다.

프리돌린은 남녀의 전통적 역할을 답습한 부모님 밑에서 자랐다. 아버지의 삶은 일이었고, 어머니의 삶은 아버지였다. 아버지는 출세해 많은 돈을 벌어다 줬고, 어머니는 아침저녁으로 정성껏 밥상을 차렸다. 어머니는 아버지가 전혀 신경 쓰지 않도록 집안일을 다 알아서 처리했다. 집에서는 아버지가 1순위였다.

그래서인지 프리돌린은 뮐러 씨와 같이 살면서 1순위 대접을 받고 싶어 했다. 그가 하는 집안일은 딱 두 가지였다. 뮐러 씨가 차려준 밥을 먹고, 뮐러 씨가 타준 커피와 차를 마시는 것. 가끔씩 포장지를 뜯을 때 쪼르르 달려오기는 했다. 그리고 사내아이들이 주머니칼을 가지고 다니듯 항상 호주머니에 넣어 다니는 작은 메스를 꺼내 들며 신이 나서 이렇게 외쳤다.

"역시 메스가 최고야!"

이런 식의 남녀 역할 분담은 뮐러 씨의 가족들 사이에서도 이루어졌다. 뮐러 씨는 양부모 밑에서 자랐다. 생모와 생부는 얼굴도 몰랐다. 아버지는 가구 공장을 하셨고 어머니는 미용사였는데, 아버지는 일하는 어머니를 못마땅하게 생각했다.

"가만히 집에서 살림이나 해. 내가 벌어다준 돈으로도 충분히 먹고 살아. 남자가 얼마나 못났으면 여자를 밖으로 내돌려 돈을 벌어오게 하냔 말이야. 사람들이 날 뭐라고 생각하겠어?"

아버지는 어머니가 밖에서 일을 하는 것이 수치스럽다고 생각했다. 진짜 남자라면 가족을 먹여 살려야 한다! 남녀의 역할 분담은 선사시대와 다를 것이 없었다. 남자는 밖으로 나가 사냥을 하고, 여자는 집에 남아 아이를 돌보며 맛난 밥을 해놓고 남편이 돌아오기만을 기다려야 했다.

호랑이 담배 피우던 시절의 이야기라고? 자이델도 말하지 않았던가. 독일에선 1977년까지만 해도 결혼한 여성이 일을 하려면 남편의 허락을 받아야 했다. 그런 식의 고정관념이 젊은 세대까지 물들여서 박차고 나가고 싶어 하는 여성들의 용기를 꺾는 것은 아닐까?[42]

* * *

남편이 허락해야 일을 할 수 있는 세상은 아니지만, 여전히 여자는 남자를 태양 삼아 움직이는 해바라기 취급을 받기 일쑤다. 친구들만 봐도 남편이 일 때문에 외국으로 가야 할 일이 생기면 아내는 곧바로 일을 접고 남편을 따라가는 경우가 대부분이다.

"뮐러 씨?"

잔더가 부르는 소리에 뮐러 씨는 정신이 번쩍 들었다. 뿔테 안경 너머로 잔더가 그를 빤히 쳐다봤다.

"어떻게 생각해요?"

뮐러 씨는 다른 생각을 하느라 무슨 말이 오가는지 듣지 못했다. 황급히 잔더를 향해 대답을 날렸다.

"위험과 기회를 철저히 따져봐야 합니다. 힘을 모아서 혁신적으로 판단한다면 반드시 시장의 보답이 있을 겁니다."

이런 하나 마나 한 말은 언제 어디서나 통하는 법이다. 역시나 잔더가 고개를 끄덕였고, 나머지 동료들이 그의 말에 양념을 곁들였다. 뮐러 씨는 다시 생각에 빠져들었다.

그와 프리돌린의 관계도 다르지 않았다. 뮐러 씨는 프리돌린의 시녀가 된 것만 같았다. 이성이 경보를 울렸다. 하지만 그보다 훨씬 목소리가 큰 심장은 애인의 편만 들었다. 부부의 더러운 집을 보고 절대로 남자 탓은 하지 않는 이 사회의 영향력 때문인지도 몰랐다. 남자가 청소와 요리를 하지 않으면 "남자가 뭐 그렇지!"라고 한다. 하지만 여자가 청소와 요리를 하지 않으면 여지없이 "게으르다!"고 야단을 친다.

뮐러 씨 역시 요즘은 예전과 달리 정시 퇴근하고 허겁지겁 제2의 직장으로 달려간다. 마트에 들러 신선한 채소를 사고, 모자라는 솜씨를 총동원해 저녁밥을 짓고, 세탁기를 돌리고, 청소기를 밀면서 프리돌린이 쓰고 던져놓은 휴지를 집어 쓰레기통에 넣는다. 건조기를 돌리고, 다리미질을 해서 바지와 와이셔츠의 주름을 잡고, 욕실의 물때를 닦고, 음식물 쓰레기를 모으고, 쓰레기봉투를 내다버린다.

프리돌린이 병원에서 퇴근할 때쯤이면 집은 반짝반짝 윤이 났고, 음식은 김을 모락모락 내며 식탁에 차려졌다. 그는 그 보답으로 뮐러 씨에게 키스를 해줬다. 하지만 단 한 번도 어떻게 그런 기적이 일어났는지 묻지 않았다. 어떻게 요리책의 레시피가 음식으로 둔갑했는지, 구깃구깃 던져두었던 와이셔츠가 어떻게 세탁기에 들어갔다 나와 방금 세탁소에서 찾은 것처럼 칼 주름을 뽐내는지 궁금해하지 않았다.

적어도 그는 이 모든 기적이 애인의 손길을 거쳐 탄생했음은 알고 있을 것이다. 그렇다면 한 번이라도 질문을 던졌어야 옳지 않을까? 뮐러 씨는 도대체 언제 이 엄청난 기적을 일궈내는 것일까?

어쨌거나 페트라 뮐러는 전업 주부가 아니다. 전업 요리사도, 전업 세탁사도, 전업 청소부도 아니다. 뮐러 씨는 한 기업의 마케팅 부서를 이끄는 책임자고, 매일 9~11시간을 사무실에서 허리가 휘도록 일한다. 지친 몸을 이끌고 집으로 돌아왔을 때 그를 기다리는 것은 다시 산더미 같은 일이다. 그리고 다음날 아침이면 아내의 지원을 받아 푹 쉬고 돌아온 남자 동료들과 경쟁을 해야 한다. 만성 피로가 그의 몸과 머리를 짓눌렀고, 그는 매일 졸지 않으려고 사투를 벌였다.

하지만 과연 이렇게 앓는 소리를 할 처지인가? 아이 둘을 키우면서 직장에 다니는 워킹맘들도 있지 않은가? 아침에 출근해 저녁 10시까지 계산대를 지키는 편의점 아주머니는? 남편과 아이들을 보살피며 소 20마리를 키우고 300평이 넘는 밭을 일궈 채소를 재배하는 농부 아내는? 뮐러 씨가 너무 엄살을 부리는 것인지도 모른다. 더 노력을 해야 하지 않을까?

"오늘은 그만합시다."

잔더가 말했다. 드디어 끝났다. 남자들은 회의실을 떠나지 않고 술자리를 도모했다. 하지만 뮐러 씨는 총알처럼 회의실을 빠져나왔다. 오늘은 또 뭘 해 먹지?

"난 애인의 가사도우미 노릇을
할 생각이 없어."

"뭘 하겠다고?"

신나게 뛰던 카차가 걸음을 멈추고 물었다.

"우리 사장이 도둑놈이라는 걸 사람들에게 알리겠다고. 시상식에 가서 당당하게 말할 거야."

뮐러 씨가 카차 옆에 서서 제자리 뛰기를 했다. 질끈 묶은 머리가 달랑달랑 흔들렸다. 저녁 하늘이 붉게 물들었다. 아이들이 모두 집으로 돌아가 텅 빈 놀이터가 쓸쓸했다.

"직장에선 저렇게 용감한데 말이야."

카차가 말했다. 뮐러 씨가 그 말의 의미를 모를 리 없었다.

"집에선 겁쟁이란 말이네."

"프리돌린을 필요 이상으로 떠받들고 있잖아."

"네가 몰라서 그래. 병원에선 실력을 인정받는 사람이야. 메스를 주머니에 넣어 다닐 만큼 자기 일에 철저한 사람이라니까. 다만 실생활에선 좀 약해서 내가 도와주는 거야."

"그럼 넌 누가 도와줘?"

카차가 물었다.

"누가 아침마다 과일 샐러드를 싸주고, 누가 다림질을 해주고, 누가 저녁밥을 해주는데? 너도 일하는 사람이야."

"나만 그러는 것도 아닌데 뭐. 독일 여자들 열 명 중 아홉 명이 그렇게 산다잖아. 나머지 한 명은 싱글이고."

"아내를 그렇게 부려먹는 남자들 중에서 죽을 만큼 열심히 일하는 사람을 본 적이 없어, 내가."

카차가 묶은 머리를 빙빙 돌리며 말했다. 멀리서 개가 짖었다.

"그럼 넌 어떻게 하는데?"

숲길로 접어들며 뮐러 씨가 물었다. 카차는 뮐러 씨가 프리돌린을 막 만났을 무렵 웹 디자이너 크리스티안 슈프렝거를 만나서 사귀는 중이었다. 처음 그를 봤을 때 뮐러 씨는 놀라서 숨이 멎을 뻔했다. 페터를 닮아도 너무 닮았기 때문이다. 아직도 페터를 잊지 못한 것일까?

"우리는 살림을 합치지 않았어. 각자 집에서 사니까 청소는 각자 하고. 내가 그의 집에 가면 그가 밥을 하고, 그가 내 집으로 올 때는 내가 밥을 하고. 난 애인의 가사도우미 노릇을 할 생각이 없어."

"칭찬해줘서 고맙다."

뮐러 씨가 비꼬았다.

"걱정이 돼서 그래. 직장인으로서의 넌 내 롤모델이야. 당당하고 멋지고. 그런데 집에만 가면……."

"서른다섯 살이나 먹은 남자를 아이처럼 먹이고 입히고 재우고 한다고? 그 말이 하고 싶은 거지?"

"나야 모르지. 너희가 집에서 어떻게 하는지."

카차가 웃으며 달리는 속도를 조금 늦췄다.

* * *

"최근에 유치원 관련 기사를 쓰느라 유치원에 갔었거든. 그런데 그 나이가 되도록 젖꼭지를 물고 다니는 아이가 몇 명 있었어."

"네 기사는 갈수록 진취력이 강해지는구나."

뮐러 씨가 비아냥거렸다.

"그렇게 오래 젖꼭지를 물고 다니는 이유가 뭔지 알아? 어떤 심리학자가 말했어."

"구강기가 어떻고 항문기가 어떻고 그렇겠지."

"아니. 부모가 아이를 필요 이상으로 오래 아기 취급하면 필요 이상으로 오래 아기처럼 행동한다고 해. 너무 오래 유모차에 태우고 다니거나 아기 침대에 재우면 오랫동안 젖꼭지에 집착하거나 밤에 오줌을 싸는 거지."

카차가 설명했다.

"오줌은 안 싸."

뮐러 씨는 길에 떨어진 전나무 방울을 발로 찼다. 그들은 전나무 숲을 달렸다. 송진 냄새와 흙냄새가 그윽했다. 비둘기 몇 마리가 푸드덕 날았다.

"페트라, 농담이 아냐. 남자들에게 집안일을 가르쳐야 해. 언제까지 혼자서 다 할 거야?"

"그건 네 전문이잖아. 그래서 넌 페터하고 사귈 때 페터 집에 들어가자마자 청소기부터 밀었니?"

"페터가 그래?"

"맞잖아."

"덕분에 큰 교훈을 얻었지. 이제는 그렇게 살지 않을 거야."

"그런데 왜 새 애인이 옛 애인하고 똑같이 생겼을까?"

뮐러 씨가 걸음을 멈췄다. 따라서 걸음을 멈춘 카차가 고개를 절레절레 저으면서 그를 쳐다봤다.

"맞아. 페터하고 닮았어. 하지만 성격은 달라. 독수리하고 참새만큼 달라. 그건 그렇고, 대체 페터는 뭐해?"

뮐러 씨도 고개를 저으며 대답했다.

"독수리한테 물어봐."

일하는 남편과 일하는 아내의 가사 분담 문제

"안녕하세요. 오늘은 신문 안 보세요?"

산드라 클로제가 먼저 인사를 했다. 저번 야유회 준비 모임 이후 사이가 많이 가까워졌다.

"봐야죠."

뮐러 씨가 〈바즈〉를 집어 들고 엘리베이터 쪽으로 달렸다. 산드라가 그를 보며 웃었다. 카차한테서 인터뷰가 실릴 것이라는 소식을 들은 터라 기대가 컸다. 책상 앞에 앉은 뮐러 씨가 신문을 펼쳤다.

워킹맘은 가사도우미가 아니다
카차 한젠

지금까지 우리는 커리어 코치 안스가르 자이델 씨와 함께 여성의 커리어에 대해 많은 것을 살펴봤습니다. 커리어를 쌓는 법은 물론이고 커리어를 방해하는 다양한 장애물에 대해서도 좋은 말씀을 많이 해주셨는데요. 이번 인터뷰의 주제는 '파트너와의 관계'입니다.

〈바즈〉: 자이델 씨, 오늘 아침 아내분께 아침을 차려주셨나요?
자이델: 아니요. 하지만 아내도 제 아침을 챙기지 않습니다. 오늘 아침
에도 식탁에는 인사말을 적은 메모지 한 장만 있었어요.

직장 여성이군요?
네. 소매점 점장입니다. 아침에 제일 먼저 나가 문을 열고 저녁에는 제
일 늦게까지 남아 뒷정리를 하죠.

그럼 저녁밥은 누가 하나요?
일주일에 두 번 정도 제가 하고, 주말에는 아내가 해요. 시간이 많은
사람이 집안일을 합니다.

선생님같이 바쁘신 분이 청소 전문가라고요?
그건 아니에요. 아내도 마찬가지고요. 일주일에 두 번 도우미 아주머니
가 오셔서 집안일을 해주십니다.

선생님은 수입이 많으시니까 외부의 도움을 받을 수 있는 거고요. 대부
분의 가정은 그렇게 못 하거든요.
못 하는 게 아니라 안 하는 겁니다. 더 값싼 방법을 찾기 때문이죠. 한
푼도 들이지 않고 집안일을 처리하려고 하는 겁니다. 그래서 부부 한

쪽이 주당 19시간을 집안일에 투자하게 됩니다.[43]

대부분은 그 한쪽이 여성이죠.

96퍼센트가 여성입니다. 독일 연구협회의 설문조사 결과를 보면 아내보다 집안일을 많이 하는 남성은 4퍼센트에 불과합니다.[44]

그것이 커리어에 얼마나 영향을 미칠까요?

치명적인 영향을 미치죠. 저글링을 상상해보십시오. 던져야 하는 공이 많을수록 떨어지는 공도 많겠죠.

아무리 솜씨가 좋은 저글링 곡예사도 모든 공을 동시에 공중에 띄울 수는 없을 겁니다. 회사에서 일하는 동안은 집안일을 할 수가 없으니까요. 물론 집안일이라는 공은 출근을 하면서 하늘 높이 던져놓습니다. 금방 떨어지지는 않을 거예요. 하지만 눈은 계속 그 공을 지켜보고 있어야 하죠. 심리학자들은 이것을 두고 '자이가르닉 효과'라고 합니다.[45] 마치지 못한 일을 마음에서 지우지 못하는 현상을 말하죠. 몸은 직장에 있어도 생각은 마트에서 장을 보고 있다면 직장에도 마트에도 없는 사람인 것입니다.

그 말씀은 여성들이 집안일 때문에 정신이 팔려 커리어에 집중하지 못한다는 뜻인가요?

많은 여성이 번 아웃되거나 중도 포기하고 말죠. 세상 그 어떤 사람도 전일제로 두 곳의 직장을 다닐 수는 없으니까요. 낮에 일터에서 직장인으로 일하고, 밤에 집으로 돌아가 아이를 데리고 오고 숙제를 봐주고 장을 보고 밥을 하고 청소를 하고 바느질을 합니다. 일은 해도 해도 끝나지 않습니다.

기업은 이런 이중 부담을 전혀 봐주지 않을 테고요.

우리의 기업은 여전히 직장을 주요 거주지로 삼고 커리어를 인생의 목표로 삼는 남자들을 지향합니다. 중요한 회의나 회식도 퇴근 뒤에 하고 출장이나 워크숍 일정을 주말에 잡기도 합니다. 집안일을 돌봐야 하는 여성들에겐 엄청난 불이익이죠. 회사에 오래 있을수록 일을 잘한다고 생각하는 구시대적 발상도 여전하고요.

비공식적인 커리어 관리의 현실도 마찬가지 아닙니까?

극단적으로 말하면 여성이 저녁밥을 짓느라 부엌에 있는 시간에 남성들은 술집에서 커리어를 쌓습니다. 대부분의 승진은 정식 노동 시간 바깥에서 이루어진다고 볼 수 있으니까요.

그럼 어떤 역할 분담을 권하시겠습니까?

아내가 남편의 커리어를 힘껏 지지한다면 저는 적극 찬성입니다. 남편이 아내의 커리어를 힘껏 지지한다고 해도 적극 찬성입니다. 그래야, 아니, 그래야만 동등한 관계가 가능합니다.

두 사람이 동시에 커리어를 쌓는다, 그게 가능한가요?

물론이죠. 두 사람이 서로를 적극적으로 밀어준다면요.

시기를 조정하면 어떨까요? 그러니까 처음 5년은 아내가 남편을 밀어
주고, 그다음 5년은 남편이 아내를 밀어주고.

남편이 승진을 하면 이미 바통 터치를 할 시점은 지난 겁니다. 남편의
연봉이 올랐을 텐데 연봉이 낮은 아내를 밀어줄 수 있겠습니까? 비경
제적이죠. 그래서 남편은 승승장구하고 아내는 정체되죠.

연봉 차이를 언급하시니까 흥미로운데요. 제 친구들만 하더라도 여자가
벌어봤자 애 맡기는 비용으로 다 들어가고 남는 게 없다는 말을 많이
하거든요.

그야말로 여성에게 불리한 근시안적 계산법이죠. 첫째, 여성이 커리어
를 쌓아 연봉을 높이려면 먼저 일을 해야 합니다. 집에 있으면 시장 가
치는 자동으로 떨어집니다. 둘째, 여성이 일을 하지 않으면 현재는 물
론이고 미래에도 남편에게 경제적으로 종속됩니다. 먹고살 만큼의 연
금도 없는데 환갑에 가까운 어느 날 남편이 갑자기 다른 여자랑 살겠
다고 하면 어떻게 할 건가요?

어떤 식의 커리어 분담을 추천하시겠습니까?

똑같이 올라가야 합니다. 처음부터 서로 지원을 아끼지 말아야 하고,
집안일을 공평하게 나눠야 합니다. 일단 프로 리그에 오르면 여간해서

는 아마추어 리그로 떨어지지 않습니다. 하지만 젊을 때 올라가지 못하면 나이가 들수록 점점 힘들어지죠.

사정상 둘 중 한 사람이 양보할 수밖에 없는 상황이라면 누가 양보를 해야 마땅하다고 생각하십니까?

두 사람이 모든 정황을 따져서 어느 쪽이 유리한지 신중하게 판단해야 합니다. 예를 들어 아내는 전망이 밝아서 2년 안에 부서장으로 승진할 가능성이 높은데 남편은 그렇지 못하다면 당연히 남편이 포기해야 합니다. 남편이 집안일을 맡아 아내를 적극 지원해야 합니다.

사실 여성에게 불리한 이런 상황은 남성들의 탓도 크지만 여성들 스스로가 기여한 바도 없지 않다고 생각합니다만.

인간관계에선 당신이 하는 모든 행동이 상대에게 영향을 미칩니다. 저울과 같은 이치죠. 당신이 한쪽 저울에서 물건을 덜어내거나 더하면 당신이 건드리지 않아도 반대쪽 저울이 움직입니다. 이런 것을 두고 '체계적 상호 작용'이라고 부르죠.

예를 들면요?

남편에게 집안일을 전혀 요구하지 않는 여성이 있다고 칩시다. 그냥 알아서 집안일을 다 떠맡습니다. 남편은 그 상황에 불편함이 없기 때문에 문제가 된다고 느끼지 못합니다. 그러니까 아무리 시간이 가도 집안일을 할 생각을 못 하는 거죠.

하지만 굳은 관계라고 하더라도 변화를 끌어낼 수 있지 않을까요?

당연하죠. 당신이 먼저 저울의 무게를 바꾸면 상대도 움직입니다. 아내가 청소에서 완전히 손을 떼면 어떻게 될까요? 날이 갈수록 집 안이 엉망이 될 테니까 남편이 청소를 시작하지 않을까요?

파업은 좀 과격한 방법인데요.

전 직업상 사람들의 변화 과정을 지켜봅니다. 어떻게 도와야 가장 바람직한 변화가 일어날까요? 정서적 자극입니다. 인간은 상황이 바뀌지 않으면 기존의 행동 모델에 의문을 느끼지 못합니다. 아이가 뜨거운 불판에 손을 댄 뒤에야 교훈을 얻는 것과 같죠. 말은 아무리 해봤자 소용없습니다. 자기 몸으로 경험을 해봐야죠.

처음부터 상대를 잘 골라야 하지 않을까요?

교육 수준이 높은 여성들은 같은 눈높이의 상대를 찾기가 더 힘듭니다. 연구 결과를 보면 여성들은 상대의 지적 수준을 많이 고려하지만 남성들은 상대의 지능을 중요하게 생각하지 않습니다. 지능이 선호도 순위에서 10위밖에 안 된다는군요.[46]

당연히 그 대가가 있지 않겠어요?

물론입니다. 남성 관리자의 27퍼센트만이 비슷한 직급의 아내와 삽니다. 여성 관리자의 경우 그 비율이 약 70퍼센트라는군요.[47]

그래도 과거에 비하면 요즘 여성들에겐 선택 가능성이 많지 않나요?

그렇습니다. 하지만 그 선택의 자유는 축복인 동시에 저주입니다. 독일의 유명한 여성 저술가 일디코 폰 퀴르티는 이렇게 말했습니다.

"마침내 여성들도 육아와 가사의 대안을 찾았다. 우리는 커리어를 쌓고 바람을 피우고 따분한 남자를 발로 차고 탄수화물과 살림을 내팽개치고 아이가 어려도 다시 직장으로 돌아갈 수 있다. 멋지지만 동시에 무시무시한 일이다. 누릴 수 있는 것이 많으면 포기해야 하는 것도 많은 법이다."[48]

일하는 아내와 남편을 바라보는 우리 사회의 시선은 어떨까요?

우리는 너무 오래 전통적 역할 분담을 답습했습니다. 여자는 요리를 하고 남자는 차에 기름을 넣는다, 이런 식으로 역할을 나누었죠. 문제는 요리는 매일 세 번 해야 하는데 기름은 몇 달에 한 번만 넣으면 된다는 겁니다.[49] 그런 시대는 지났습니다. 남녀가 일을 똑같이 분담해야 합니다. 부엌에서도, 회사에서도. 설거지 담당도 남자가 50퍼센트, 관리자 자리도 여자가 50퍼센트를 차지해야 합니다. 그것이 공정할 뿐 아니라 경제에도 매우 유익합니다.

좋은 말씀 감사드립니다. 지금까지 자이델 씨와의 인터뷰였습니다.

왜 여자만 남자의
커리어를 위해 희생해야 하나

"교도소 식당 부엌이 아니라 5성급 레스토랑
같은데요."

안스가르 자이델이 웃었다.

"여긴 식당이고, 부엌에 들어가면 생각이 달라지실 거예요."

뮐러 씨가 따라 웃었다. 살짝 머뭇거리던 그가 먼저 악수를 청했다.
자이델이 볼일이 있어 시내에 나온 김에 두 사람은 저녁 약속을 잡았
다. 차림새는 세미나 때와 같았다. 상의는 완벽한 정장, 하의는 찢어진
청바지. 몇 살일까? 50대 중반? 더 됐을까? 자이델이 자리에 앉은 뮐
러 씨에게 눈을 찡긋하며 물었다.

"시상식 프로젝트는 어떻게 되고 있어요?"

"카차한테 들으셨어요?"

자이델이 검지를 입에 댔다.

"비공식적인 정보가 최고의 정보죠."

"어떻게 생각하세요? 아이디어 도둑을 폭로하겠다는 제 생각을?"

"어떤 전략을 쓰느냐가 중요하겠죠. 정말 공개적으로 폭로할 생각이세요? 그럼 회사에서는 뒤통수가 따갑겠지만 시장에선 큰 주목을 받을 거예요. 다만 배신자라고 낙인찍힐 위험이 크긴 하죠."

"잠깐만요. 부끄러워해야 할 자는 도둑이에요. 도둑질을 당했다고 공개하는 피해자가 아니라고요."

"도덕적으로 보면 그렇죠. 하지만 회사는 자기가 가족이라고 생각합니다. 가정사는 가족끼리 해결해야 한다고 생각하죠. 그래서 당신이 그런 가정사를 공개할 경우 앞으로 어떤 회사에 지원을 해도 기업주는 이렇게 생각할 겁니다. '뮐러 씨는 우리한테도 그럴 거야.'"

종업원이 물을 가져와 따랐다. 뮐러 씨가 물 잔을 들고 꿀꺽 한 모금 마셨다.

"그럼 잔더를 태양계 최고의 사장이라고 떠들고 다녀야 하나요?"

"적어도 그 반대말은 하지 말라는 소리입니다. 면접에서 저번 회사의 상사를 욕하면 새 회사의 상사는 겁이 납니다. '나중에 나한테도 저러겠지. 채용하면 안 되겠어.'"

두 사람은 말없이 음식을 먹었다. 뮐러 씨는 생선 커틀릿을, 자이델은 소고기 필레를 시켰다.

"공개를 안 하면요?"

뮐러 씨가 물었다.

"바로 그 부분이 협상 대상인 것이죠. 상사를 찾아가 두 가지 가능성을 두고 선택하라고 하세요."

"협박하라고요?"

"아니요. 협상을 하라고요. 어쨌든 폭로보다는 그 편이 낫습니다."

뮐러 씨는 기분이 좋아졌다. 이 사람은 정말 모든 문제의 답을 알고 있다.

* * *

"이번 인터뷰는 좀 과하던데요."

뮐러 씨의 말에 자이델이 씩 웃었다.

"왜요? 그 기사 때문에 한젠 씨가 애인과 다퉜나요?"

"카차가 아니라 제가 좀 불편했어요."

"뮐러 씨가?"

자이델은 농담인지 진담인지 알아내려는 듯 뮐러 씨를 가만히 쳐다봤다.

"다 맞는 말씀이에요. 남녀가 같은 눈높이에서 만나야 하죠. 하지만 사랑을 커리어의 정상으로 오르는 줄타기로만 보는 것은 너무 낭만이 없지 않나요? 두 사람이 함께 커리어를 쌓는 것도 물론 중요하지만 진정한 사랑이 더 중요하지 않을까요?"

자이델이 포크와 나이프를 접시에 내려놓았다.

"뮐러 씨, 사랑과 커리어는 반대말이 아니에요. 두 사람이 나란히 직장에서 성공하면 사이도 더 좋아집니다. 하지만 한쪽이 다른 쪽의 하인이 되면 그 사람은 직장에서도 출세하지 못할 것이고 파트너로서도 매력을 잃게 됩니다."

밀러 씨도 포크와 나이프를 내려놓았다. 의도와 달리 소리가 크게 났다.

"바로 그 점이 거슬렸던 부분이에요. 너무 극단적으로 생각하시는 것 같아요. 부엌 아니면 커리어, 평등 아니면 착취, 희생 아니면 자아실현."

"상황이 극단적이기 때문에 극단적으로 말하는 겁니다."

자이델도 목소리를 조금 높였다.

"여성들이 훨씬 똑똑하고 공부도 잘합니다. 그런데 학교만 졸업하면 달라져요. 베를린 사회연구센터의 연구 결과를 보면 30~49세 남성들이 같은 학력의 여성보다 네 배 더 많이 일을 합니다. 기업들의 편견이 여성의 일자리를 활활 태워 화형 시킨 결과죠. 기업들은 임신을 마녀만큼 무서워합니다. 그래서 가임기 여성은 비생산적이고 능률이 떨어진다고 생각하죠.[50] 여기에 석기시대의 남녀 역할 분담이 기름을 붓습니다. 여성들 스스로가 남편의 커리어를 위해 스스로를 불살라야 한다고 생각하죠."

자이델이 가슴속의 불을 끄기라도 하겠다는 듯 물을 꿀꺽 마셨다. 밀러 씨도 지지 않았다.

"하지만 내가 한 남자를 정말로 사랑한다면 그를 힘껏 돕는 것이 왜 잘못이죠?"

"그가 당신을 정말로 사랑한다면 왜 그는 똑같이 당신을 돕지 않나요?"

종업원이 식탁으로 다가와 무슨 불편한 점이라도 있느냐고 물었다.

"네. 불편해요. 정말 이 남자 불편해!"

밀러 씨는 그렇게 소리치고 싶었다. 자이델이 들이민 논리와 프리돌린을 향한 뜨거운 감정의 틈바구니에 끼어 몸과 마음이 너덜너덜해진 기분이었다. 밀러 씨는 한참 동안 말없이 애꿎은 생선 커틀릿만 뒤적거렸다. 자이델은 아무 일도 없었다는 듯 느긋하게 식사를 이어갔다. 그러다 갑자기 고개를 들고 밀러 씨에게 말했다.

"사랑에 빠지셨군요. 회사보다 가정에서 성 평등을 실천하기가 훨씬 힘든 현실을 몸으로 경험하고 있어요. 맞죠?"

"너무 전투적이세요. 남녀 관계는 전쟁이 아니에요."

자이델이 밀러 씨를 가만히 들여다봤다.

"채팅을 할 때와는 사뭇 다릅니다. 저는 아무래도 좋습니다. 갈릴레오 갈릴레이가 말했죠. '사람은 가르칠 수 없다. 스스로 가르침을 찾도록 도와줄 수 있을 뿐이다.' 당신도 경험을 통해 깨달음을 얻게 되리라 확신합니다. 그때 다시 이야기하죠. 오늘 즐거웠습니다."

두 사람은 어색한 분위기에서 헤어졌다. 친목을 도모하려고 만났는데 오히려 사이가 멀어지고 말았다.

"일과 아이 중 아이를 선택하신 용기,

존경합니다."

7.
뮐러 씨,
임신했어?

"처음에는 아이 때문에 야근을 못 하게 되거나 아이한테 감기가 옮아 결근을 할 때마다 사과를 했어요. 하지만 이해를 구할수록 내게 돌아온 것은 오히려 몰이해였어요. 계속 자기 다리가 안짱다리라고 하소연하다 보면 어느 날부터 사람들은 다리 이야기를 안 해도 그 사람의 안짱다리만 쳐다보게 돼요. 내 안짱다리는 엄마 노릇이었어요."

"어떻게 해결했어요?"

"직장에서는 엄마 노릇을 그만뒀죠. 야근을 못 하게 되면 그냥 '오늘은 다른 약속이 있어서 일찍 가겠습니다.'라고 했어요. 엄마라는 부담 때문에 소홀하게 된 회사 일을 예전처럼 자꾸 들먹이며 사과하지 않았어요. 내가 잘한 일, 나의 성과를 강조했죠."

배려를 가장한
교활한 차별

벌써 티가 날까? 뮐러 씨는 한 걸음 뒤로 물러나 욕실 거울을 바라봤다. 아직 배는 평소와 다르지 않고 꿈틀대는 느낌도 없다. 옆으로 돌아서서 다시 보니 살짝 달라진 것 같기도 하다. 임신 6주였다. 그러니까 이 배 안에서 지금 아이가 자라고 있는 것이다. 머리는 어디 있을까? 발은? 숨이나 쉴 수 있을까? 이 느낌은 뭐지? 애가 벌써 발로 차나?

솔직히 뮐러 씨는 아이에 대해 아는 게 없었다. 남자로 사는 동안 아이는 열 달 있으면 저절로 들어간 곳으로 도로 나오는 줄 알았다. 하지만 막상 임신을 하고 보니 생각했던 것과 달리 힘든 점이 한두 가지가 아니었다.

아직 프리돌린과 의사만 빼면 아무도 모른다. 임신 진단, 그것만으로 이렇게 삶이 완전히 뒤집어질 줄은 정말로 예상치 못했다. 아이를 가졌다는 기쁨보다 걱정이 앞섰다. 회사에 알리면 어떤 반응을 보일까? 기뻐할 리 없다. 아이를 낳고 다시 회사로 돌아갈 수 있을까? 무엇보다 아이를 키우며 일을 잘해낼 수 있을까? 걱정이 꼬리를 물었다.

침착하자! 잘할 수 있을 거야. 최대한 빨리 직장으로 복귀할 것이고, 예전보다 열심히 일해서 다들 아무 소리 못 하게 더 잘해낼 거야. 뮐러 씨는 불안을 다스리며 욕실을 나섰다.

* * *

뮐러 씨는 인사부장 우도 바이머에게 소식을 전했다. 그가 활짝 웃으며 말했다.

"이름이 뭐예요?"

그가 뮐러 씨 쪽으로 귀를 돌렸다가 대답이 없자 다시 물었다.

"아, 아직 이른가? 요즘은 태명을 먼저 짓나?"

"저는 지금 임신했다는 말씀을 드리러 온 거고요. 아이 이름은 아이 아빠랑 의논할 사항이고요."

바이머가 넥타이를 만지작거리며 점잖게 말했다.

"우리 잔더 주식회사의 일꾼이 될 차세대 주자이신데 어떻게 관심을 안 가지겠습니까?"

뮐러 씨는 고개를 들고 하늘을 향해 기도를 올렸다. 부디 하루라도 빨리 능력 있는 인사부장을 내려보내 달라고!

바이머가 선물을 뒤에 숨긴 아저씨처럼 다정한 미소를 지었다.

"우리 잔더 주식회사는 부장님이 이 어려운 시기를 무사히 넘길 수 있도록 최선을 다해 지원할 겁니다."

"입은 삐뚤어져도 말은 바로 하라고, 제가 잔더 주식회사를 지원하는 대가로 월급을 받는 거죠. 그럴 능력이 되니까요. 임신이 무슨 뇌절개 수술도 아니고, 그렇게 걱정하지 않아도 됩니다."

"너무 애쓰지 말아요. 괜찮으니까. 그건 그렇고 당장 주차 자리를 건물 앞쪽으로 바꿔드려야겠네. 임신부가 많이 걸으면 안 되니까."

뮐러 씨는 어이가 없어 웃음이 나왔다.

"세상에, 이렇게 금방 바꿔줄 줄 알았으면 진작 임신을 할 걸 그랬죠?"

바이머가 다시 넥타이를 만지작거렸다.

"만날 때보다 헤어질 때가 더 중요하니까요."

"왜, 저를 해고하시려고요?"

"일과 아이 중 아이를 선택하신 용기, 존경합니다."

앞으로 남은 9개월 동안 회사가 뮐러 씨의 은퇴 무대를 차분히 준비하겠다는 말로 들렸다. 배려를 가장한 교활한 형태의 성차별이었다. 뮐러 씨는 회사가 여성 관리자에게 특별 제공한 자신의 빨간 소형차가 다른 남성 관리자들의 대형차 사이에 끼어 있는 모습을 상상했다.

"인사부장님, 말씀하신대로 주차 자리를 옮기겠습니다."

"아, 물론 그러셔야죠."

그가 말했다.

"내년에도 그 자리를 쓰겠습니다."

그가 움칠했다.

"둘째를 낳으시려고요?"

"아니요. 이 회사에서 승진을 해야죠."

"그럼 애는? 너무 쉽게 생각하시는 것 같은데요?"

뮐러 씨가 인사부장을 노려봤다.

"아이가 몇이죠?"

바이머가 넥타이를 만지작거렸다.

"둘이죠."

"아이들 때문에 여태 일을 못 하셨어요?"

"아니. 그건 아니지만."

"그럼 저도 부장님을 롤모델로 삼아야겠네요. 뭐, 크게 도움이 될 것 같지는 않지만."

뮐러 씨가 이렇게 말하고 인사부장의 방을 나왔다.

"내 직책은 임신부가 아닙니다."

　　　　　　　　임신한 뒤로 달라진 것이 많았다. 첫째가 세상을 보는 시선이다. 뮐러 씨는 여태 그렇게 많은 유모차가 굴러다니는 줄 몰랐다. 인도에도, 가게에도, 식당에도, 유모차 천지였다. 어떻게 저렇게 많은 유모차가 널려 있는데 지금껏 모르고 살았을까? 게다가 임신부는 왜 또 그렇게 많은 것인지, 온 세상 젊은 여자들이 한꺼번에 아이를 낳기로 작정한 것 같았다. 포대자루 같은 옷에 몸을 쑤셔 넣은 임신부들이 여기서도, 저기서도 불쑥불쑥 튀어나왔다.

　세상에 기아와 가뭄과 지진과 전쟁 말고 또 하나의 끔찍한 재앙이 있다는 사실도 알게 됐다. 바로 잔더 주식회사의 회의다. 거드름을 피우는 남자들이 탁자에 둘러 앉아 아이디어는 안 내고 고약한 냄새를 동반한 뜨거운 입김만 뿜어댔다. 아마 그 때문이었을 것이다. 회의실에만 들어가면 뮐러 씨는 수시로 의자에서 벌떡 일어나 100미터 달리기 선수처럼 화장실로 달려갔다. 달리는 속도가 어찌나 빠른지 벽에 걸린 그림이 흔들거릴 정도였다. 그 시기 밀러 씨의 의견을 가장 많이 들은 동료는 아마 화장실 변기였을 것이다.

왜 아무도 말해주지 않았을까? 임신은 몸에서 영혼을 토해내고 싶은 욕구를 동반한다는 것을, 끝없는 구토의 연속이라는 것을. 세상에 태어나 이렇게 많이 변기와 대화를 나눈 것은 처음이다.

두 번째 변화는 공복감이다. 공복감이 사라졌다. 대신 그 자리를 식탐이 파고들었다. 한밤중에 자다 말고 일어나 냉장고를 뒤졌고, 평소 같으면 쳐다보지도 않을 이상한 식재료들을 괴상망측하게 뒤섞어 누가 빼앗아 먹기라도 할 것처럼 허겁지겁 입으로 밀어 넣었다.

세 번째는 동료들과 사장이 정한 밀러 씨 사용 기한이다. 그는 낡은 원자로였다. 양심에 따라 최대한 빨리 작동을 멈추고 조용히 해체 작업에 들어가야 할 골칫덩이였다. 미래와 관련된 모든 것이 멀어져갔다. 현재와 관련된 질문들도 따지고 들어가면 결국 딱 한 가지였다.

'언제 꺼질 거야?'

* * *

"어때요?"

회의에서 평소처럼 페퍼민트 냄새를 풍기며 볼프 베어가 물었다.

"아주 좋아요. 신제품 타이어 인지도가 4퍼센트나 올랐고……."

"아니, 아니. 그게 아니고. 핵심 사업이 어찌 돼가냐 그 말이지."

그가 눈을 찡긋했다.

"아, 기존 제품 말이에요? 그것도 괜찮은 것이 여기 이 자료를……."

"아니. 현재 가장 중요한 핵심 사업."

베어가 탁자에 가려 보이지 않는 뮐러 씨의 배를 찾으려고 고개를 이리저리 돌렸다.

"내 직책은 임신부가 아닙니다. 나는 지금 부서장 회의에 참석해 있어요."

"와, 역시."

베어가 뮐러 씨의 말을 자르며 끼어들었다.

"임신을 하면 다 저렇게 변하는구나. 이게 다 호르몬의 장난이라는 군요. 우리 마누라도 딱 저랬어요."

그러면서 자기 아내가 세 번의 임신 기간 동안 어떻게 천사에서 악마로 돌변했는지 세세하게 늘어놓기 시작했다. "핵심 사업"이 해결돼 아이가 세상에 나올 때까지 그 악마가 얼마나 변덕과 짜증과 신경질을 부렸는지 이야기했다. 동료들이 웃음을 터트렸다. 그러니까 베어는 지금 뮐러 씨를 호르몬에 조종당하는 짜증 대마왕으로 보고 있었다. 이 회사에는 그 병을 치료할 약이 없다. 방법은 딱 하나, 배에 든 아이를 낳는 것이다.

"그 짜증이 남편 때문이라고 생각하진 않으시나 봐요?"

뮐러 씨가 베어에게 말했다.

"저 봐, 저 봐. 내 말이 맞죠. 바로 저런다니까."

베어가 환하게 웃으며 동료들에게 말했다.

사람들은 뮐러 씨가 기분이 좋으면 "임신을 해서 좋은가 봐요."라고 했다. 뮐러 씨가 기분이 나쁘면 "저런 상태에서 기분이 좋을 리 없지."라고 했다. 마케팅부장 뮐러 씨는 온데간데없고 임신부만 남았다.

배려는 배척의 다른 이름이었다. 미래 광고 전략 회의에는 모든 임원이 참석했다. 뮐러 씨만 빼고. 뮐러 씨가 장기 전략을 입에 올릴 때마다 슈미트는 "이젠 그쪽 소관이 아니다."라는 말로 입을 막았다. 임신부 뮐러 씨는 진작 가동을 중지시켰어야 하는 낡은 원자로였다.

페터였던 시절, 남성 관리자 중 한 사람이었던 시절 그는 아이를 낳고 기르는 것은 식은 죽 먹기보다 쉽다고 생각했다. 누구도 아내의 임신 사실을 쭈뼛거리며 이야기하지 않았다. 어떤 감정도 섞지 않고서 당당하게 사실을 알리고 축하를 받았다. 그럼 그것으로 끝이었다. 그 누구도 미래의 아빠를 사용 기한이 끝나가는 낡은 원자로로 취급하지 않았다. 누구도 그에게 임신 상태 보고서를 요구하지 않았고, 호르몬을 들먹이며 감정 변화에 촉각을 곤두세우지도 않았다.

그렇게 다들 까맣게 잊었다가 어느 날 오후 소방관처럼 후다닥 사무실에서 뛰쳐나갔던 남자가 다음날 아침 아이의 출생 소식을 전하면 그제야 임신 사실을 기억해내며 진심으로 축하의 인사를 전했다.

그랬다. 관리자는 관리자였고, 평사원은 평사원이었다. 그 누구도 그 남자에게 '아빠'라는 팻말을 목에 걸어주고 그의 장래가 수유와 젖병 소독과 기저귀 갈기로 얼룩질 것이라고 생각하지 않았다.

그런데 엄마인 경우는 달랐다. 도무지 아빠처럼 순산할 수 없었다. 뮐러 씨도 심각한 난산이 될 것 같았다.

완벽한 엄마가 되고 싶고
일도 잘하고 싶지만……

"엄마가 되면 모든 게 달라질 거예요."

노이어가 와인 잔을 들고 건배를 청하며 말했다. 뮐러 씨는 탄산수 잔을 들고 건배했다. 임신을 하고부터 술을 마실 수 없게 됐다. 달그락거리는 식기 소리에 즐거운 목소리가 섞여들었다. 여기저기서 아이들이 뛰어다녔다. 이탈리안 레스토랑이었다. 뮐러 씨는 프리돌린과 나란히 앉았고, 맞은편에는 카차가 애인과 자리를 잡았다. 노이어는 식탁 머리에 앉았다.

"요샌 아이를 다 키운 엄마들이 제일 존경스러워요. 어떻게 그 힘든 일을 해냈을까? 일까지 하면서."

뮐러 씨가 노이어에게 말했다.

"처음엔 엉망진창이었어요. 아이 때문에 일을 소홀히 하면 직장에 미안했고, 일 때문에 퇴근이 늦으면 엄마 노릇을 못한 것 같아 속이 상했죠."

"대부분의 여자가 그럴 것 같아요. 여기서 치이고 저기서 치이고. 어떻게 하셨어요?"

카차가 끼어들었다.

"특별 사면을 했죠."

노이어가 목소리를 낮추며 속삭였다.

"사면요?"

카차가 물었다.

"나 자신에게 말했어요. 완벽하지 않아도 돼. 완벽한 엄마가 안 돼도 괜찮아. 완벽한 직원이 안 돼도 괜찮아."

* * *

노이어가 턱을 괴었다.

"너무 힘들었어요. 쓰러지기 일보 직전이었죠. 그래서 곰곰이 생각을 해봤어요. 누가 나한테 이런 초인적인 노력을 요구하나? 남편? 이 사회? 대답은 나 자신이었어요. 모범적인 엄마가 되고 싶었죠. 남들처럼, 전업 주부처럼. 모범적인 직원도 되고 싶었어요. 남들처럼, 결혼도 안 하고 아이도 없는 홀가분한 동료들처럼."

"그건 불가능해요."

카차가 말했다.

"그 불가능에 도전했죠. 아이의 사랑을 얻고 싶었고, 일을 잘하고 싶었어요. 그러다가 어느 금요일에 또 야근을 하고 양심의 가책을 느끼며 집에 늦게 들어갔는데, 우리 딸이 어떻게 했는지 아세요? 나를 보더니 활짝 웃었어요. 그 순간 생각했죠. 아, 이 아이는 내가 완벽해서 나를 사랑하는 게 아니다. 내가 엄마라서 나를 사랑하는 것이다. 지금껏 아이 핑계를 대며 힘들어했던 것은 결국 내 욕심이었지 아이의 욕심이 아니었다."

뮐러 씨가 이마를 찌푸렸다.

"하지만 이전 상사가 당신을 그토록 아꼈던 이유는 당신이 그냥 비서였기 때문은 아니었을 거예요. 일을 잘하니까 칭찬을 했겠죠."

"처음에는 아이 때문에 야근을 못 하게 되거나 아이한테 감기가 옮아 결근을 할 때마다 사과를 했어요. 하지만 이해를 구할수록 내게 돌아온 것은 오히려 몰이해였어요. 계속 자기 다리가 안짱다리라고 하소연하다 보면 어느 날부터 사람들은 다리 이야기를 안 해도 그 사람의 안짱다리만 쳐다보게 돼요. 내 안짱다리는 엄마 노릇이었어요."

"어떻게 해결했어요?"

카차가 물었다. 노이어는 아무도 모르는 길을 혼자 아는 사람처럼 잔잔한 미소를 지었다.

"직장에서는 엄마 노릇을 그만뒀죠. 야근을 못 하게 되면 예전처럼 '남편이 출장 중이라 애를 어린이집에서 데려와야 한다.'고 말하지 않았어요. 그냥 '오늘은 다른 약속이 있어서 일찍 가겠습니다.'라고 말했죠. 애한테 감기가 옮아서 결근을 하게 되면 애한테 옮았다는 말을 굳이 하지 않았어요. 그냥 아파서 못 간다고 했죠. 엄마라는 부담 때문에 소홀하게 된 회사 일을 예전처럼 자꾸 들먹이며 사과하지 않았어요. 내가 잘한 일, 나의 성과를 강조했죠."

"오, 괜찮은데요. 딸을 부정하는 것 같은 기분은 안 들었어요?"

뮐러 씨가 물었다.

"세상을 둘로 나눴어요. 반쪽엔 엄마인 내가 있고, 나머지 반쪽엔 직원인 내가 있어요. 그 둘을 서로 헷갈리지 않으면 두 역할 모두 잘 해낼 수 있어요. 무엇보다 마음이 편해졌어요. 나를 있는 그대로 인정하자 다른 사람들도 나를 인정했어요. 우리 딸도, 우리 상사도."

"남편은 도움이 됐나요?"

카차의 애인이 물었다.

"그럼요. 정말 도움이 많이 됐죠. 남편의 직업이 시간에 자유로운 편이라 오후에 아이를 어린이집에서 찾아와 잘 돌봐줬어요. 아침에는 제가 데려다줬고요. 궁합이 잘 맞는 팀이었답니다."

"우리 남자들도 도움이 된다니 무척 기쁜데요."

여태 카차의 애인하고만 소곤거리던 프리돌린이 말했다.

"내가 뭘 기대하는지 알겠지?"

뮐러 씨가 말했다. 프리돌린은 그 말을 농담으로 알아들었는지 그냥 웃기만 했다. 뮐러 씨가 카차를 보며 물었다.

"자이델 씨하고 또 만났어?"

"응. 인터뷰했거든. 이번 주제는 우리가 오늘 이야기한 내용이야."

"부탁이 있어. 혹시 연락할 일 있거든 말 좀 전해줘. 저번에 미안했다고. 내가 다시 정신을 차렸다고. 그렇게 말하면 알아들을 거야."

여성 관리자는 어느 날 갑자기 나타나는 것이 아니다

오늘도 뮐러 씨는 로비의 여인, 산드라 클로제의 눈총을 받으며 신문을 집어 들었다. 안스가르 자이델의 인터뷰가 실리는 날이었다. 뮐러 씨는 신문을 펼쳤다.

엄마도 경영할 수 있다

카차 한젠

엄마는 살기가 참 고달픕니다. 직장에서만 그런 게 아니죠. 여성은 아이와 커리어 중 하나를 꼭 선택해야만 하는 것일까요? 엄마들만의 특별한 능력은 어떤 것이 있을까요? 커리어 전문가 안스가르 자이델을 만나 이야기를 들어봅니다.

〈바즈〉: 자이델 씨, 기업 자문을 많이 하시니까 우리나라 기업의 분위기를 잘 아실 테죠. 솔직히 워킹맘을 어떻게 생각하나요?

자이델: 어떤 회사냐에 달렸습니다. 앞서가는 기업이라면 육아가 최고의 경영 및 관리 연습이라는 사실을 잘 알고 있습니다. 어머니들은 육아를 하면서 인력 관리 훈련을 합니다. 가정 경제를 운용하면서 예산 관리법을 배우고 일 처리의 우선순위를 훈련하죠. '가정'이라는 이름의 작은 기업을 이끌어가는 사람들이니까요.

이 땅의 어머니들이 과연 그런 자부심을 느낄 수 있을까요?

안타깝게도 현실은 그렇지 못합니다. 가정에서 맡은 자신의 역할이 경영 및 관리 훈련이었다는 점을 강조하는 여성 지원자는 스물다섯 명중 한 명뿐입니다. 나머지 스물네 명은 육아로 인한 경력 단절을 수치스럽게 생각합니다. 하지만 그런 태도가 성 고정관념을 더욱 키우게됩니다.

워킹맘들이 회사에서 감내해야 할 고정관념은 어떤 것들이 있을까요?

출산과 육아를 커리어의 포기로 해석합니다. 그래서 아이를 낳고 나면지위가 떨어집니다. 출산 전에는 책임 있는 직책이던 여성도 출산 후재취업을 할 때는 보조 인력으로 밀려납니다. 시간제로 일하는 경우도많고요.[51] 워킹맘의 약 50퍼센트는 노동 시간이 주당 32시간 미만입니다. 남성의 경우 열 명 중 한 명도 안 되죠.[52]

출산하자마자 바로 전일제로 일하라는 말씀이신가요?

저는 그저 두 가지만 조심하라는 말씀을 드리고 싶습니다. 많은 여성이 예전 임금의 50퍼센트를 받으면서 100퍼센트의 일을 합니다. 일하는 시간만 줄었을 뿐 일의 양은 조금도 줄지 않은 시간제 근무가 무슨 시간제 근무입니까? 결국 어떻게든 잘해보겠다고 일을 집까지 싸 들고 가고, 근무 시간이 아닌데도 회의에 참석합니다. 기업들은 바로 그런 마음을 어김없이 이용하죠. 확실히 선을 긋지 않으면 지쳐 쓰러지고 말아요.

또 다른 고정관념은요?

많은 기업은 여전히 엉덩이를 붙이고 있어야 일을 한다고 생각합니다. 회사에서 많은 시간을 보낼수록 직급도 높아집니다. 최고 경영자들이 노동 시간을 무슨 훈장처럼 가슴에 붙이고 다니면서 하루 4시간밖에 못 잤다고 자랑하는 것도 다 그런 이유입니다.

노동 시간을 줄이면 출세를 못 한다, 그 말씀이세요?

그렇습니다. 관리자는 시간제로 일할 수 없다! 남성 관리자의 77퍼센트가 그렇게 생각합니다. 여성의 경우 50퍼센트만 그렇게 생각하지만요.[53] 그래서 육아하는 여성들처럼 전일제로 일하지 않으면 2급 노동자 취급을 받게 됩니다. 시간제 근무 노동자의 노동 시간이 너무 적은 것도 한 가지 원인입니다. 독일의 경우 시간제 근무 노동자의 평균 노동 시간은 주당 18.6시간에 불과합니다. 유럽의 다른 나라보다 턱없이 적습니다.[54]

노동 시간만 문제인가요?

물론 아니죠. 3시간, 6시간, 9시간 만에 맡은 프로젝트를 뚝딱 해치우는 사람이 하루 14시간 회사에 있으면서 의자에 엉덩이 자국만 남기는 사람보다 월등히 뛰어난 경영자라는 사실도 문제예요.

하지만 노동 시간 단축을 칭찬하는 경영자를 아직 우리 현실에서는 찾아볼 수 없지 않습니까.

그렇지 않습니다. 대표적인 인물이 데틀레프 로만이죠. 보안 시스템 전문기업 올세이프 융팔크의 대표인데 공개적으로 말하고 다닙니다. 자기는 "정오만 되면 퇴근한다."[55]고 말이죠. 자기가 없어져서 직원들이 모든 결정을 스스로 내릴 수 있게 만드는 것이 대표의 일이라고 생각하기 때문입니다. 상사가 간섭하지 않으니까 직원들은 모두가 대표인 것처럼 일합니다. 쓸데없는 회의를 다 없애서 납품 기한을 줄이고 가격을 낮춥니다. 현대식 경영은 바로 그런 것이죠.

그분은 기업 대표니까 그럴 수 있겠죠. 그 회사에서도 직급이 낮은 여성은 그럴 수 없을 거예요.

그건 잘못된 생각입니다. 회사의 대표는 그 기업이 어떻게 돌아가는지 보여주는 지표니까요. 그 본보기가 아래로 계속 내려가면서 영향을 미칩니다. 워킹맘들이 일자리를 선택할 때는 두 가지를 유념하는 것이 좋습니다. 첫째, 노동 시간이 아닌 결과에 초점을 맞추는 회사여야 합니다. 둘째, 관리직이나 이사진에 여성이 몇 명 섞여 있다면, 특히 아이 키우는 엄마들이 많다면 좋은 징조입니다. 그 여성들이 바람막이가 돼줄 수 있습니다. 유유상종이라는 말도 있지 않습니까. 유사성의 법칙은 회사에서도 통합니다. 남성은 남성 후계자를, 여성은 여성 후계자를 끌어주기 마련이죠.

하지만 요즘은 모든 기업이 여성 친화적이라고, 워킹맘을 적극 지원한다고 주장하지 않습니까?

언행일치가 얼마나 잘되느냐에 달려 있겠죠. 최근에 제법 큰 중견 기업에서 제게 자문을 받고 싶다고 하시더군요. 중간 관리직에 여성을 많이 뽑고 싶어서 그 문제로 조언을 구한다고 말이죠. 그런데 그날 저를 만난 그 기업의 최고 관리자 여섯 명이 모두 남성이었습니다. 그래서 제가 조언을 했죠.

"진심으로 그럴 생각이 있으시다면 지금 여기 참석하신 분들 중 두세 분이 여성에게 자리를 양보하셔야 할 것 같습니다."

그날 이후 아직까지 그 회사에선 정식으로 자문 신청을 하지 않고 있습니다.

다른 나라에서도 같은 문제를 겪고 있나요?

독일이 한참 뒤떨어져 있습니다. 영국의 경우 여전히 유모가 많고요. 프랑스는 전통적으로 전일제 학교를 운영해왔습니다.[56] 이러한 현실은 수치로도 확인됩니다. 아이를 키우는 25~54세 여성이 시간제로 일하는 비율을 보면 독일은 62퍼센트나 되지만 프랑스에선 26퍼센트밖에

안 됩니다.[57]

미국은 일하는 엄마들의 상황이 어떤가요?

미국의 경우 유럽보다 여성 경영자가 눈에 띄게 많습니다. 당연히 아이 키우는 엄마들도 많죠.[58] 직장에서 성공한 여성은 행복하고, 행복한 여성은 아이에게도 긍정적 영향을 미칩니다. 미국 사람들은 진작 그 사실을 알았던 거죠.

전일제 직장이 워킹맘에게 정말 유익할까요? 스트레스를 더하는 것은 아닐까요?

남녀를 불문하고 일이 우울증을 방지합니다.[59] 인간은 정신의 성장을 추구하는 존재입니다. 미국의 심리학자 A. H. 매슬로우도 말했죠. "능력은 활용해 달라고 외친다. 그 외침은 능력이 잘 활용되는 순간 멈춘다. 능력에도 욕망이 있다."[60]
육아에만 전념하는 엄마들의 엄청난 능력이 활용되지 못한 채 방치되고 있습니다. 그리고 그런 현실은 불만을 낳습니다.

일이 약이라고요? 번 아웃이 유행인 이 시대에요?

워킹맘들에게 일을 부담이 아니라 즐거움으로 느끼게 할 기업이 필요합니다. 그러자면 탄력적인 노동 시간, 공정한 업무량, 주가만 따지지 않는 윤리적 자세가 있어야 하겠죠. 이런 관점에서 본다면 최고의 기업 자문은 교황 요한 바오로 1세일 겁니다. "일이 인간을 위해 존재하

는 것이지 인간이 일을 위해 존재하는 것은 아니다."라고 늘 말씀하셨
으니까요.[61]

정치는 워킹맘들을 위해 무엇을 할 수 있을까요?

지금보다 훨씬 더 많은 어린이집과 방과 후 교실, 전일제 학교, 탄력적
일자리가 필요합니다. 여성들에게 집에 있으라고 강요해서는 안 됩니
다. 여성이 육아와 일을 병행할 수 있는 여건을 만들어야 합니다. 여성
관리자의 74퍼센트가 여성 관리자를 늘리는 최고의 방법으로 어린이
집을 꼽습니다.[62] 스칸디나비아 국가들을 모범으로 삼아 국가가 육아
를 책임져야 합니다. 스웨덴의 경우 아동의 90퍼센트를 무료 어린이집
이나 베이비시터가 맡아 돌봅니다.[63] 하지만 독일에선 비싸기도 하고
찾기도 힘듭니다. 3세 이하 아동 100명 중 스물세 명만이 종일반에 맡
겨지고 있는 실정입니다.[64]

우리 기업들에게 부탁하실 말씀은?

노동 시간을 탄력적으로 운영하고, 다양한 방식의 노동 모델을 도입해
야 합니다. 관리직도 마찬가지입니다. 두 명의 여성이 한 자리를 나누
어 가지면 왜 안 될까요? 두 명이 반나절씩 일을 하면 하루가 되잖습
니까. 그럼 양쪽 모두 이익입니다. 여성들은 육아와 직장을 병행할 수
있고, 회사는 한 사람의 연봉을 둘로 나누어 두 배의 경험과 능력과 자
질을 취할 수 있습니다. 그 여성들은 나중에 육아에서 해방되면 전일
제로 일할 수 있을 겁니다. 여성 관리자는 어느 날 갑자기 하늘에서 떨

어지는 선물이 아닙니다.

많은 기업에서 참고하면 좋겠군요.

그것 말고도 아이디어는 많습니다. 왜 엄마는 전일제로 일하면 안 됩니까? 아빠도 반나절만 회사에서 일하고 육아를 할 수 있습니다. 학자들은 이미 여성이 지배하는 경제를 예언합니다. 미국에서도 '우머노믹스(womenomics)'를 이야기하고요.[65]

마지막으로 개인적인 커리어 계획에 대해 잠깐 여쭙겠습니다. 그동안의 경험으로 볼 때 출산을 빨리하는 것이 좋을까요, 늦게 하는 것이 좋을까요?

무조건 늦게 하는 것이 좋습니다. 그럼 남성들과 똑같이 20~30세에는 교육과 커리어에 집중할 수 있습니다. 보통 그 나이 때 출세의 갈림길이 정해집니다. 또 아이가 태어날 즈음에 충분한 돈을 모을 수 있으므로 육아와 가정 경제에도 도움이 되겠죠. 그럼 그 이후 커리어를 쌓기도 훨씬 수월할 것이고요.

한 가지 더, 20대 초반에 엄마가 된 여성들에겐 어떤 조언을 해주시겠습니까?

남들이 넘볼 수 없는 자질을 쌓으라고 말하고 싶습니다. 제가 아는 젊은 엄마들 중에는 남편의 도움을 받아 대학을 마치고 박사 학위까지 받은 여성들이 적지 않습니다. 그러고 나서 30대 초반이나 중반에 일

자리를 구하면 아무래도 기회가 많습니다. 늦게 출발한 사람일수록 교육밖에 길이 없습니다. 일찍 아이를 낳았기 때문에 다시 취업을 할 때는 아이도 많이 자라서 자립할 수 있을 것입니다.

자이델 씨, 감사합니다.

애는 혼자
크는 줄 알았다

아기를 낳아 키운 부모는 그 육아의 경험을
평생 잊지 못한다. 뮐러 씨는 아이가 태어난 뒤 단 하룻밤도 편히 잔
적이 없다. 밤은 긴 수면이 아니라 언제라도 아기에게 달려갈 준비를
마친 잠깐의 휴식들로 잘게 쪼개졌다. 깜빡 잠에 빠졌다가도 아기 울
음소리만 들리면 몽유병 환자처럼 벌떡 일어났고, 소리가 나는 곳으
로 발이 절로 움직였다.

물론 부모라고 다 그런 것은 아니다. 예의바르신 병원장님의 아들
프리돌린은 항상 뮐러 씨에게 선두 자리를 양보했다(두 사람은 결혼했
다). 아기가 아무리 울어도 프리돌린은 고요한 산중 오두막에 온 사람
처럼 곯아떨어져 일어날 줄 몰랐다.

그뿐만이 아니었다. 출산은 부인할 수 없는 흔적을 남겼다. 뮐러 씨
는 임신선을 볼 때마다 줄무늬다람쥐가 된 기분이었다. 체중계도 아
침마다 잊지 않고 모욕적인 인사를 건넸다. 기저귀를 갈 때마다 풍겨

오는 그 황홀한 냄새는 또 얼마나 기막힌지, 당장이라도 향수 가게로 달려가서 난민 신청을 하고픈 충동을 불러일으켰다.

페터였던 시절 그는 남자였고, 아버지가 아니었다. 세상 모든 아기는 햇살 가득한 테라스의 아기 바구니에 누워 방긋방긋 웃거나 예쁘게 옹알이만 하는 줄 알았다. 부모는 아기가 태어나기 전과 다름없이 식탁에서 갓 구운 빵에 버터를 듬뿍 발라 맛나게 먹으면 되는 줄 알았다. 아이는 테라스에서 혼자 잘 놀고, 부모는 홀라후프만 한 꽃꽂이로 장식한 화려한 식탁에 앉아 우아하게 밥을 먹을 수 있다고 생각했다.

마케팅 전문가라면서 어떻게 그런 광고 장면들을 믿었을까? 아마 그런 광고는 정부의 지원을 받았을 것이다. 사멸 위기에 처한 종족의 번식욕을 일깨우기 위해 정부에서 지원을 아끼지 않았을 것이다.

아이가 짐이라는 말로 들리는가? 맞다. 아이가 짐일 뿐이라는 말로 들리는가? 틀렸다. 딸 마이케는 뮐러 씨에게 엄청난 행복이었다. 유모차에 누워 버둥대는 저 발로 자기 배를 찼을 생각을 하면 눈시울이 뜨거워졌다. 막달이 되자 마이케는 발버둥으로 자신의 장래희망을 확실하게 알렸다. 커서 축구 선수가 될 거야! 지금은 울음과 침밖에는 만들어내지 못하지만 언젠가 저 작은 입으로 "엄마"라고 부를 것이다. 아이는 세상 그 무엇과도 바꿀 수 없는 소중한 보물이다. 더 이상 예쁠 수 없는 천사다. 그 천사가 시도 때도 없이 떼쟁이 악마로 돌변해서 문제긴 하지만.

* * *

밀러 씨는 오래오래 프리돌린을 설득했다. 입을 꽉 다문 조개처럼 꼼짝도 하지 않던 그를 논리와 키스와 분노로 설득했다. 결국 프리돌린은 2년 동안 육아를 책임지기로 했다. 병원을 한시라도 빨리 물려받고 싶었지만 105세까지 병원장 자리에서 내려오지 않을 것 같은 아버지의 기세에 눌려 의욕이 많이 떨어져 있던 것도 승낙에 긍정적인 작용을 했다.

하지만 프리돌린은 막상 아버지를 만나 이야기할 생각을 하니 까마득해 선뜻 결심을 못 하고 차일피일 미루기만 했다. 결국 밀러 씨가 나서서 약속을 잡았다. 호된 질책과 꾸중을 각오하고 약속 장소에 나갔지만 그의 아버지는 예상 외로 긍정적인 반응을 보였다. 2년 동안 아기를 키운 뒤 병원으로 복귀하겠다는 아들의 이야기를 듣는 내내 아버지의 얼굴에는 웃음이 감돌았다.

걱정했던 아버지는 정작 아들이 악어나 달팽이를 기르겠다고 해도 좋다고 할 것처럼 부드러웠는데, 아들의 편이 되리라 예상했던 어머니는 아들 힘들다고 반대를 했다. 하지만 급할 때마다 부르겠다고 약속하자 그녀의 얼굴에서 최고의 성형외과 의사도 하지 못할 기적이 일어났다. 근심의 주름이 활짝 펴진 것이다.

그러나 그것으로 모든 문제가 해결된 것은 아니었다. 프리돌린은 집안일을 해본 적 없는 새내기 주부였다. 밀러 씨도 유능한 주부는 아니었지만 인내심을 갖고 가사와 육아를 그에게 가르쳤다. 우는 아이에게 미리 짜둔 모유를 먹이는 법과 냉동 피자 말고도 사람이 먹을 수 있는 음식을 식탁에 올리는 법을 가르쳤다. 그렇게 열심히 노력한 끝에 마침내 프리돌린은 구조대를 부르지 않고도 무사히 전기 레인지를 켰다 끌 수 있게 됐다.

그리고 출산 3개월 뒤 대망의 날이 찾아왔다. 프리돌린이 만들어 준, 모양은 삐뚤삐뚤하지만 오렌지와 키위가 듬뿍 들어간 과일 샐러 드를 먹고 그에게 뽀뽀를 한 뒤 뮐러 씨가 출근을 했다.

과연 동료들은 그를 어떻게 맞아줄까?

"상사가 다 여자면

남자 직원들이 얼마나 힘들겠어요?"

8.
리더십에는
성별이
없다

"여자의 적은 여자다, 그런 말 못 들어봤어요? 성공한 여성일수록 다른 여성들에게 더 가혹한 법이에요. 경쟁 상대를 안 만들려고 아예 싹을 자르는 거죠."

"예를 들어보세요. 우리 회사에서 누가 그런 짓을 하죠? 없죠? 왜 없겠어요? 우리 회사에 여성 관리자가 저 혼자니까."

"하지만 여자의 적은 여자라는 말은 내가 만든 말이 아닙니다."

"그거야 남자들이 만든 말이겠죠. 여자끼리 싸우게 만들어서 힘을 빼겠다는 심보죠. 남성 중간 관리자의 71퍼센트가 여성 경쟁자를 겁낸다는 연구 결과가 있다더군요."

"우리 회사는 그렇지 않아요."

"그럼 왜 지금까지 한 번도 여성 관리자를 뽑지 않으셨죠? 왜 제가 처음이죠?"

여성이 권력을 잡지 못할
이유 따위는 없다

선물 상자를 어찌나 꽁꽁 묶어놓았던지 끈을 풀고 테이프를 떼기 위해 젖 먹던 힘까지 다 짜냈다. 관리자 동료들이 폭탄 제거 작업을 구경하듯 뮐러 씨의 손놀림을 쳐다봤다. 동료들의 환호성을 들으며 뮐러 씨가 가장 먼저 꺼낸 것은 분홍색 우주복이었다(맞다. 마이케는 딸이다!). 그리고 다시 손가락에 걸려 나온 선물은 고무젖꼭지 세트와 베이비시터 2시간 쿠폰이었다. 분명 여기 이 남자들은 그 쿠폰으로 하루를 선물했다고 자신할 것이다. 아기는 하루 22시간 잔다고 믿을 인간들이니까.

뮐러 씨가 포장을 푸는 동안 악셀 슈미트가 뭔가 수상하게 계속 힐끗대며 휴대전화를 만지작거렸다.

"고마워요, 여러분. 남편이 좋아할 거예요. 육아는 남편이 맡기로 했거든요."

"설마 혼자 다 떠맡은 것은 아니죠?"

볼프 베어가 물었다.

"걱정 마세요. 여러분이 아내의 육아를 도와준 것만큼은 저도 도울 거니까요."

"그럼 혼자 하는 거네."

베어가 양심의 가책이라고는 눈곱만큼도 없는 표정으로 페퍼민트 냄새를 풍기며 한마디 던지자 모두 킥킥거렸다. 우도 바이머가 선생님 같은 심각한 표정으로 말했다.

"하지만 우린 항상 준비가 돼 있으니까 언제라도 말만 해요. 좀 늦게 출근하고 좀 일찍 가도 상관없어요. 이참에 저녁 회의를 아예 오후로 당길까요?"

회의 시간을 당겼다가는 어떤 일이 생길지 뻔했다. 회의 때마다 모두가 뮐러 씨의 엄마 역할을 떠올릴 것이다. 뮐러 씨는 아기가 부르면 언제라도 달려갈 태세를 갖춘 엄마 자격으로 이곳에 출근하는 사람이 아니다. 뮐러 씨는 잔더 주식회사의 마케팅부장이다. 노이어한테서도 배웠듯 아이 때문에 미안해할 이유는 전혀 없다. 자신에게 주어진 자유는 변명하지 말고 당연하게 받아들이면 된다.

"마음 써주셔서 감사합니다. 그렇지만 여기 계시는 분들도 다 아이를 키우는데, 그럼 왜 저녁에 회의를 하세요?"

"그거야 뭐……."

바이머가 말을 얼버무렸다.

"회의 시간을 당기고 싶으시면 그래도 되지만 저는 굳이 그럴 이유가 없네요."

밀러 씨가 대답했다.

* * *

밀러 씨는 선물 상자를 안 보이는 곳으로 치웠다. 그리고 서류철에서 준비한 자료를 꺼냈다.

"지난 몇 주를 집 서재에서 보내면서 잔더 주식회사의 미래에 대해 많은 생각을 했습니다. 그러다가 개발도상국을 중심으로 시장 점유율을 높일 수 있는 방안이 떠올라 작성해봤습니다."

그가 일어나서 천천히 탁자를 돌며 한 사람 한 사람에게 자료를 나눠줬다. 교실에서 시험지를 나눠주는 선생님 같았다. 남자들이 이제 곧 시험을 쳐야 하는 학생들처럼 얌전히 그를 쳐다봤다. 앉은 자리에서 자료를 나눠줄 때보다 효과가 몇 배는 더 컸다. 그런 상징적인 몸짓을 적극 활용하고, 앉아 있는 남자들 앞에서는 최대한 서서 발표를 하라는 조언은 자이델한테서 들었다.

자이델은 또 출산 휴가를 마치고 복귀할 때는 절대로 아기 사진을 지참하지 말 것이며, 밤에 아기가 울어서 잠을 제대로 못 잤다거나 아기를 처음 본 아기 아빠가 감격해 눈물을 흘렸다는 식의 출산 후기를 입 밖에 내지 말라고 충고했다. 그리고 최대한 빨리 주변의 관심을 출산에서 업무로 되돌리도록 노력하라고도 조언했다. 밀러 씨는 그 자리에 모인 남자들의 얼굴을 한 사람씩 쳐다봤다. 마지막으로 그의 눈길이 잔더에게 가서 멎었다.

"사장님께는 이미 말씀을 드렸고, 지지를 받았습니다."

잔더가 고개를 끄덕였다. 독일 광고상을 수상한 뒤로(창업주였던 아버지도 이루지 못한 쾌거였다!) 잔더는 뮐러 씨의 말이라면 무조건 승낙했다. 뮐러 씨는 출근 전에 미리 잔더와 통화를 해서 아이디어 도난을 확실하게 방지했다.

"자, 여러분. 이 자료를 두 가지 관점에서 살펴봐주세요. 어떤 아이디어가 가장 전도유망한가? 그리고 각 부서는 어떤 기여를 할 수 있을까?"

모두가 너무나 열심히 그의 지시를 따르는 통에 오히려 뮐러 씨가 깜짝 놀랐다. 남자들이 시키는 대로 열심히 자료를 들여다봤다. 자연스러운 권위란 이런 것일까? 여성들이 권력을 잡지 못하는 이유는 그저 자신감과 용기가 부족하기 때문일까?

질문의 답을 직접 찾고 싶었다. 잔더와의 면담이 예정돼 있었다. 이번에는 기필코 노이어를 데려올 생각이었다.

여자의 적은
여자라는 헛소리

바이머가 책상 앞에 앉아서 턱을 고였다.

"이건 좀 특별한 경우라서……."

"뭐가 특별하다는 말씀이세요?"

"여성이 여성을 끌어주는 것이."

"그게 뭐가 특별해요?"

"여자의 적은 여자다, 그런 말 못 들어봤어요? 성공한 여성일수록 다른 여성들에게 더 가혹한 법이에요. 경쟁 상대를 안 만들려고 아예 싹을 자르는 거죠."

"예를 들어보세요. 우리 회사에서 누가 그런 짓을 하죠?"

바이머가 넥타이를 만지작거렸다. 할 말 없을 때 하는 버릇이다.

"없죠? 왜 없겠어요? 우리 회사에 여성 관리자가 저 혼자니까."

"하지만 여자의 적은 여자라는 말은 내가 만든 말이 아닙니다."

"그거야 남자들이 만든 말이겠죠. 여자끼리 싸우게 만들어서 힘을 빼겠다는 심보죠."

말은 자신 있게 하면서도 뮐러 씨 역시 속으로는 살짝 고개를 갸웃했다. 정말로 여자는 여자를 더 시기하고 험담할까? 남자들처럼 뭉치지 못하고 뿔뿔이 흩어져 자기 살 궁리만 하는 걸까? 카차에게 이 문제를 다음 인터뷰 주제로 삼는 것이 어떻겠냐고 물어봐야겠다.

"뭐 그런 말도 안 되는 소리를. 남자들이 무슨 득을 보는데요?"

"경쟁자가 줄어들겠죠. 며칠 전 잘 아는 커리어 코치가 자료를 보내줬는데 남성 중간 관리자의 71퍼센트가 여성 경쟁자를 겁낸다는 연구 결과가 있다더군요."[66]

"우리 회사는 그렇지 않아요."

"그럼 왜 지금까지 한 번도 여성 관리자를 뽑지 않으셨죠? 왜 제가 처음이죠?"

바이머의 손이 다시 넥타이로 향했다.

"다시 말씀드리지만 노이어 씨를 마케팅부 과장으로 데리고 와야겠습니다."

뮐러 씨가 못을 박았다.

"비서를 과장으로 승진시키다니, 그게 말이 돼요?"

"왜 안 됩니까? 노이어 씨는 지난 7년 동안 탁월한 조직력을 발휘했고 마케팅 관련 지식도 많습니다. 저번 회사에서도 마케팅 부서에서 일했고요."

"뮐러 씨가 이 회사에 입사한 지 얼마나 됐다고 그래요? 지난 7년을 어떻게 안다고?"

"페터 뮐러 씨와 이야기를 나눴습니다. 노이어 씨가 4년 전 광고 문구를 짤 때도 큰 도움을 줬다고 하더군요. 실제로 페터 뮐러 씨가 회사를 나간 뒤 후임자를 뽑기까지 한 달 동안 노이어 씨가 마케팅 부서의 주춧돌 역할을 하지 않았나요?"

"그건 그렇지만 부장과 과장이 다 여성이면 그 밑에서 일하는 남성 직원들이 어떻겠어요? 일하기 힘들지 않을까요?"

"그럼 저를 빼고 모든 부서의 부장이 남자인데 그 밑에서 일하는 여성 직원들은 어떨 것 같으세요?"

바이머가 넥타이를 얼마나 꽉 쥐었던지 손가락 마디가 하얘졌다.

"그렇게 비교하는 건 아니죠."

"왜 아니에요?"

"전통적으로 부서장은 남자들이 맡았으니까."

"전통적으로 여행은 마차 타고 다녔죠."

"그렇게 비교하는 건 아니죠."

바이머가 화를 냈다.

"다시 말씀드리죠. 노이어 씨를 과장으로 승진시키겠어요."

"그렇게 혼자 결정할 수는 없죠. 사장님께서 허락을 하셔야지."

"맞는 말씀이세요. 제가 매체를 가리지 않고 여기저기 사장님 칭찬을 열심히 하고 다닌답니다. 여성을 적극 지원하는 앞서가는 경영자라고요. 분명 제 뜻에 공감해주실 겁니다. 제가 직접 말씀드리죠."

바이머가 고개를 숙였다. 뮐러 씨는 이를 항복의 뜻으로 해석했다.

남자의 실종

5시에 프리돌린의 어머니한테서 전화가 걸려왔다. 프리돌린이 3시에 마이케를 찾으러 온다더니 소식이 없고 전화를 해도 받지 않는다고 했다. 프리돌린은 오늘 1시 치과 예약이 돼 있었다. 치과에서 무슨 사고가 났을까? 집에 오다가 길에서 쓰러져서 응급실로 실려 갔을까? 아니면 집에서 기절했을까?

뮐러 씨는 너무 놀라 허겁지겁 집으로 달려갔다. 하지만 집 안은 고요하기만 했다. 혹시 쪽지라도 남겨놓았을까 싶어 열심히 찾았지만 프리돌린의 흔적은 어디에도 없었다. 치과에 전화를 걸어 알아보니 아무 문제없이 진료를 받고 돌아갔다고 했다. 그러나 전화도 받지 않았다. 뮐러 씨는 문자를 남겼다.

'프리돌린, 어머니 걱정하시니까 얼른 전화 줘.'

인터넷 뉴스를 뒤져 혹시 사고가 나지 않았는지 살폈고, 병원 응급실에 전화를 걸어 프리돌린 또래의 남성이 실려 왔나 물었다. 혹시나

해서 카차한테까지 전화를 걸었지만 모른다는 대답만 돌아왔다. 진이 빠진 뮐러 씨는 식탁 의자에 털썩 주저앉았다. 벌써 9시가 가까웠다.

만일 프리돌린이 무슨 일이라도 당했으면 마이케는 어떻게 하지? 아이를 아빠 없이 혼자 키워야 할 텐데……. 그 순간 전화기가 울렸다. 프리돌린의 전화번호였다.

"프리돌린, 어디 있었어? 걱정했잖아."

"당연히 걱정했겠지."

싸늘한 음성이었다.

"얀?"

"페터 내놔. 안 그러면 너도 프리돌린 못 볼 거야."

"얀, 제발 그만 좀 해. 이건 납치야."

"당연하지. 네 전문이잖아."

"난 납치하지 않았어."

"그러니까 페터가 혼자서 숨어 지내고 있다?"

"얀, 내 말 좀 들어봐. 내가 페터야. 나 좀 만나. 다 말해줄 테니까."

"와, 그래? 그럼 나는 프리돌린이야."

"경찰 부를 거야."

"내가 이미 불렀어. 지금 가는 중일걸. 기대해."

전화가 끊겼다.

* * *

잠시 후 놀란 카차가 크리스티안과 함께 달려왔다.

"경찰 불러. 제발."

카차가 애원했다. 카차의 입술이 움직이는 모습은 보였지만 뮐러 씨의 귀엔 아무 소리도 들리지 않았다. 냉장고 돌아가는 소리와 째깍거리는 시계 소리밖에 안 들렸다.

"페트라, 경찰 부르자니까!"

카차가 소리쳤다. 뮐러 씨는 입안에 공기를 넣었다 뺐다 반복하고 있었다. 경찰에 연락하겠다는 프리돌린의 어머니를 간신히 말린 참이었다. 마이케는 그 집에 있었다. 천천히 정신이 돌아왔다.

"얀은 페터를 보고 싶은 거야. 하지만 뜻대로 해줄 수가 없어."

"그게 너랑 무슨 상관이야?"

"내가 페터를 납치했다고 생각하거든."

"아니잖아."

카차가 머리카락을 뱅뱅 돌리며 말했다.

"페터는 다른 여자하고 살잖아."

"그런데 그 다른 여자가 바로 나야. 말하자면 복잡해."

뮐러 씨가 한숨을 푹 쉬었다.

"무슨 말도 안 되는 소리야?"

크리스티안이 고개를 저으며 물었다.

"나도 이해가 안 돼."

뮐러 씨가 대답했다. 그 순간 초인종이 울렸다. 정말 경찰일까? 얀이 정말 신고를 했을까? 심장이 터질 것 같았다. 신분증을 보여 달라고 하면 어떻게 하지? 페터의 계좌에서 어떻게 돈을 뺐는지 물으면 뭐라고 대답하지? 초인종이 계속 울렸다. 밖에서 쾅쾅 주먹으로 문을 두드렸다. 뮐러 씨는 머뭇머뭇 문으로 다가가서 처음 여자가 된 날 얀의 방문에 놀라 그랬던 것처럼 문을 빼꼼 열었다. 파랗게 멍든 눈, 찢어진 옷, 억지로 미소를 지으려 하지만 잘 펴지지 않는 얼굴 근육……

프리돌린이었다.

* * *

"나를 숲으로 끌고 가서 나무에 묶었어. 메스 덕분에 살았지."

샤워를 마친 프리돌린이 그동안 있었던 일을 설명했다. 얀이 전화를 걸어 숲 근처로 유인을 한 다음 숲으로 끌고 가서 나무에 묶었다고 했다. 몸을 수색해서 휴대전화도 뺏어갔는데 다행히 메스는 발견하지 못했고, 프리돌린이 용을 써서 메스를 꺼내 줄을 잘랐다고 말했다. 돈도 없고 휴대전화도 없어서 여기까지 걸어왔다고 했다.

뮐러 씨는 더 이상 숨길 수 없다고 생각했다. 모든 것을 자백해야 할 것 같았다. 뮐러 씨가 한숨을 크게 쉬고 이야기를 시작했다. 어느 날 아침 눈을 뜨니 여자가 되어 있었다고, 어찌어찌 페터의 회사에 들어갔고 남자 동료들 사이에서 힘들게 싸우며 회사 생활을 했다고. 그러다가 불행인지 행운인지 프리돌린을 만났고, 이렇게 아이까지 낳게 됐다고……. 프리돌린이 말을 타고 드넓은 들판을 달리는 칭기즈칸을 바라보듯 뮐러 씨를 빤히 쳐다봤다.

"너무 충격을 받았나 보네. 아무래도 진정제를 놔야 할까 봐."

"가만."

카차가 끼어들었다.

"안 그래도 처음 만났을 때 좀 이상하다고 생각했어. 귀를 긁는 모습이 페터랑 너무 똑같거든. 차를 마실 때 찻잔을 입에 대는 모습도 똑같고 입보다 눈이 살짝 먼저 웃는 것도 그렇고."

"맞아. 나라니까. 카차, 내가 페터야."

프리돌린의 얼굴이 일그러졌다. 뮐러 씨가 얼른 덧붙였다.

"안심해. 지금은 여자니까. 완전히 여자야."

카차가 기자답게 취조를 시작했다. 이 세상에 단 한 사람, 페터 뮐러밖에 답할 수 없는 까다로운 질문들을 마구 던졌다. 두 사람이 사귀는 동안 쌓았던 추억담이었다. 심문은 30분 정도 진행됐다. 뮐러 씨가 하나도 빠짐없이 대답하자 마침내 카차가 사람들을 향해 외쳤다.

"맞아. 틀림없이 페터야."

"하지만 남자같이 안 보여."

크리스티안이 기어들어가는 목소리로 중얼거렸다. 프리돌린은 아무 말도 하지 않았다. 너무 충격을 받아서 실어증에 걸린 것은 아닐까? 프리돌린을 보는 뮐러 씨의 마음이 불안했다. 그때 다시 초인종 소리가 들렸다.

"얀이야!"

뮐러 씨가 벌떡 일어났다.

"당신이 도망친 걸 알았나 봐. 어쩌지?"

프리돌린이 주머니에서 메스를 꺼냈다.

"이번에는 가만히 안 당할 거야."

크리스티안도 부엌으로 달려가 싱크대 서랍에서 빵 칼을 꺼냈다. 초인종이 다시 울렸다. 밖에서 주먹으로 문을 치며 큰소리로 외쳤다.

"경찰입니다. 문 열어요. 안 그러면 부숩니다."

*　*　*

뮐러 씨는 두 명의 경찰관을 안으로 들였다.

"페트라 뮐러 씨?"

"네."

"부인께서 남편을 납치해서 감금했다는 신고를 받고 왔습니다."

그가 주머니에서 사진 한 장을 꺼냈다. 사막에서 바이크를 타고 찍은 페터의 사진이었다. 선명하지는 않았다.

"남편분이십니까?"

"네. 맞아요."

경찰이 뮐러 씨를 노려봤다.

"어디 계십니까? 한참 전부터 안 보인다고, 실종됐다고 하던데요."

"아, 그게 아니에요. 오해예요. 지금 없어요."

"그럼 왜 그런 신고가 접수됐을까요? 한참 됐다는데 실종 신고도 안 하시고. 저희랑 같이 가셔야겠습니다."

경찰이 문 쪽으로 돌아섰다. 그 순간 카차와 프리돌린과 크리스티안이 달려왔다.

"칼은 왜 들고 계십니까?"

경찰이 크리스티안을 빤히 쳐다보며 물었다.

"아, 빵을 썰던 중이라서."

그가 얼버무리며 칼을 든 손을 내렸다. 프리돌린도 슬쩍 메스를 주머니에 도로 집어넣었다. 경찰이 허리에 찬 권총에 손을 갖다 댔다. 그러더니 크리스티안을 유심히 쳐다봤다. 비명을 지르려는 듯 입술을 실룩하더니 갑자기 싱긋 웃었다.

"혹시 페터 뮐러 씨?"

그가 가져온 사진을 꺼내 크리스티안의 얼굴과 비교했다.

"사진보다 나이는 좀 들어 보이지만. 신분증 보여주시겠습니까?"

"아, 신분증이 어디 있지?"

크리스티안이 우물거렸다.

"두 분 같이 경찰서로 가시죠."

"아, 알아. 내가 알아. 신분증 어디 있는지 알아요."

뮐러 씨가 서재로 들어가 책상 서랍에 든 페터의 신분증을 꺼내 왔다. 크리스티안이 신분증을 보여주자 경찰이 고개를 끄덕였다.

"신고하신 분이 뭔가 착각하셨나 보네요."

경찰이 신분증을 돌려주며 말했다.

"신고하신 분께 말씀 좀 잘해주세요."

"물론이죠. 그럼 실례 많았습니다."

경찰이 밖으로 나갔다. 경찰차가 어둠 속으로 사라졌다.

남녀 역할 바꾸기 프로젝트

안스가르 자이델이 밀러 씨에게서 눈을 떼지 못한 채 카푸치노를 한 모금 마셨다. 작은 카페에 앉은 두 사람은 '역할 바꾸기 프로젝트'를 어디서부터 시작할지 의논 중이었다.

"토크쇼로 시작해봐요."

밀러 씨가 제안했다.

"우리가 직접 출연해서 여성들의 마음에 불을 지르는 거예요. 하루 동안 바꿔봅시다! 여자들을 남자들의 자리로 옮겨봐요! 성차별의 현실을 직시합시다!"

자이델이 찻잔을 옆으로 밀었다.

"그건 밀러 씨가 맡고, 나는 남자들에게 호소해볼게요. 하루 동안 직업 세계를 여성의 시선으로 체험하게 하는 거죠. 그럼 당신의 딸, 아내, 여성 동료들이 매일매일 어떤 세상을 살고 있는지 몸으로 느낄 수 있을 겁니다."

밀러 씨가 고개를 끄덕였다.

"맞아요. 남녀가 협력해야 해요. 여성들의 기습 공격으로 보여서는 안 되죠."

"근데 토크쇼는 어떻게 출연합니까?"

"코치님을 이용하는 거죠."

"나를요?"

자이델이 눈썹을 치켜뜨며 물었다.

"독일 제일의 커리어 코치시잖아요. 비공식 인맥을 적극 활용하라고도 하셨고요. 〈슈타르케스의 토크쇼〉 섭외 담당이 카차의 친구예요."

"아, 그 슈타르케스 씨가 진행하는 정치 토크쇼?"

"꼭 정치 이야기만 하는 게 아니라서 분명 흥미를 보일 거예요."

자이델이 카푸치노를 다시 한 모금 마셨다. 밀러 씨의 계획을 무척 맛있어하는 것 같았다. 밀러 씨가 설명을 계속했다.

"카차는 토크쇼를 하는 날 대형 통신사에도 소식을 전하라고 충고했어요. 그럼 전국 신문과 방송에 뉴스가 나갈 테고, 곧바로 인터넷을 통해 퍼져나갈 거라고요. 그래야 정치가들과 기업 사장들도 무시를 할 수 없을 거라고."

"마케팅 전문가와 함께 일할 수 있어 정말 영광입니다."

자이델이 칭찬을 하며 살짝 고개를 숙였다.

"거사 일도 당연히 생각해두셨겠죠?"

"네. 9월 6일이 좋을 것 같아요."

"왜죠?"

"그 숫자를 저 냅킨에 써보세요."

자이델이 숫자를 크고 또렷하게 썼다. 뮐러 씨가 말했다.

"냅킨을 뒤집어보세요."

자이델이 웃었다.

"멋져요. 9는 6이 되고 6은 9가 되는군요. '역할 바꾸기'의 상징으로는 이보다 좋은 숫자가 없겠는데요."

"네. 하루나마 서로의 일을 바꿔보면 세상을 보는 눈이 조금은 바뀌지 않을까 해요."

한동안 두 사람은 말이 없었다.

* * *

습관처럼 손가락으로 머리카락을 빙빙 돌리던 뮐러 씨가 문득 다시 입을 열었다.

"사실 고작 하루가 얼마나 큰 변화를 일으킬까 의심이 들기도 해요. 다음날이면 세상은 다시 예전으로 돌아갈 텐데."

"천 리 길도 한걸음부터라고 하지 않습니까. 저는 확신합니다. 우리가 이 사회를 흔들어 깨울 겁니다."

"왜 그렇게 확신하세요?"

"여성이 조종간을 잡아야 한다면 비행기가 몇 대나 뜰 수 있을 것 같으세요? 건축 현장은 여성 기술자가 없어서 작업이 정지되고 말 겁니다. 이사회요? 회의 자료나 커피를 전달하러 들어오는 남자 비서를 **빼면** 아마 남성이 한 사람도 없을 겁니다. 정말 그런 하루를 보내고도 아무런 느낌이 없을까요?"

"여성들도 깨닫는 바가 있을까요?"

"그럼요. 생각했던 것보다 경영이 어렵지 않다는 것을 조금이나마 깨닫게 될 겁니다. 관리직에 지원하고 싶다며 저를 찾아오는 여성들이 어떻게 하는 줄 아십니까? 기업이 원하는 자질 중에서 자신에게 없는 자질을 먼저 꼽습니다. 그리고 지레 지원을 포기해버리죠."

"남성들은 어떤데요?"

"일단 자신이 할 수 있는 것부터 찾아요. 이런 성향은 휴렛팩커드의 사내 보고서로도 확인됩니다. 여성은 기준의 100퍼센트를 충족한다고 생각할 때 지원하지만, 남성은 60퍼센트 정도면 지원합니다."[67]

"어차피 면접에서 실력이 검증되지 않을까요?"

자이델이 절망한 표정으로 천장을 바라봤다.

"지원을 안 하는데 어떻게 면접을 보겠어요. 또 설사 지원을 해서 면접을 보게 되더라도 남성이 훨씬 적극적입니다. 베를린 대학교의 연구 결과를 보면 자기소개 시간 5분이 주어질 경우 남성이 여성보다 평균 1분 정도를 더 말한다고 합니다."[68]

"말이 많다고 다 좋은 건 아니잖아요."

"그렇게 생각하셨다면 큰 착각입니다. 말을 많이 할수록 채용될 가능성도 높아집니다. 특히 관리직의 경우엔 더 그렇습니다."

"뻥쟁이가 더 출세한다고요? 슬픈데요."

"피터의 원리라고 들어보셨습니까? 모든 사람은 무능력의 한계에 도달할 때까지 승진을 한다! 그래서 우수한 영업자가 최악의 영업부장이 될 수 있는 겁니다.[69] 하지만 그건 남자들의 이야기고요."

"왜 여성은 해당이 안 되나요?"

뮐러 씨가 물으며 눈을 질끈 감았다.

"여성은 반대니까요. 여성은 능력과 재능을 한껏 펼칠 수 있는 직급에 오르기도 전에 걸음을 멈추거든요. 경영관리를 마치 외국어 보듯 합니다. 물론 모르는 외국어는 어려워 보이죠. 하지만 일단 입을 열어 부딪쳐보면 생각만큼 어렵지 않다고 느껴요."

"그러니까 일단 부딪쳐라?"

자이델이 고개를 끄덕였다.

"경영을 해봐야 경영진이 변해요. 저는 늘 여성들에게 조언합니다. 일단 해보고 나서 판단해도 늦지 않다. 경영 자질이 없다고 지레 겁먹지 말고 일단 도전해봐라! 이번 우리 프로젝트가 여성들에게 좋은 기회가 될 겁니다. 자리의 후광이 없는데도 잘해냈다면 진짜 그 자리에 올랐을 땐 얼마나 잘하겠어요."

"여성들에게 경영의 언어를 말해볼 기회가 될 것이다?"

"그러기를 바랍니다. 저도 정말 설렙니다. 어떤 날이 될지. 잔더 주식회사도 참가할까요?"

"당연하죠. 여성 친화적 기업이라고 우리 사장님이 얼마나 떠들고 다니는데요."

두 사람이 웃었다.

엘리베이터는 버튼을
눌러야 올라간다

밀러 씨가 전화기의 호출 버튼을 눌렀다.

"〈바즈〉 좀 가져다줘요."

"네. 알겠습니다."

대답이 떨어지기 무섭게 몇 달 전에 채용한 젊은 비서가 신문을 들고 달려들어 왔다. 밀러 씨가 바라던 대로 젊은 남자 비서다.

9월 7일자 신문이었다. 1면의 절반이 청소복을 입고 대걸레를 든 남자의 사진으로 채워져 있다. 그 밑에 "역할 바꾸기 날"이라는 제목이 크게 찍혀 있고, 3쪽에 걸쳐 카차가 쓴 기사가 이어졌다.

대성공을 거둔 역할 바꾸기 날

카차 한젠

남자 이사가 여자 비서에게 전화를 연결해주고, 항공기 조종사들이 오렌지 주스를 컵에 담아 나르고, 미용실 원장이 바닥에 떨어진 머리카락을 쓸어 담는다. 어제의 '역할 바꾸기 날'은 전국을 뒤집어놓았고, 직장 내 성차별이라는 우리 사회의 심각한 문제를 적나라하게 보여줬다. 프로젝트를 기획한 주인공은 잔더 주식회사의 관리자 페트라 뮐러 씨와 유명 커리어 코치 안스가르 자이델 씨다.

장면 하나.

루프트한자의 비행기 안이 소란스럽다.

"대체 언제 떠요?"

젊은 남자가 승무원에게 항의를 한다.

"내 말이."

뒷좌석의 여성도 한마디 거든다. 남자 승무원 안드레아스 클라이네르트가 어쩔 줄 모르고 죄송하다는 말만 잇따라 한다.

"지금 조종사를 찾는 중이어서요. 조금만 더 기다려주십시오. 음료 더 드릴까요?"

50대 초반, 흰머리가 희끗희끗한 그는 사실 항공기 조종사지만, 오늘 그의 역할은 고객을 상대로 서비스를 하는 승무원이다. 문제는 항공기 조종사 자격증을 가진 여자 승무원이 없다는 것이다. 여성 조종사를 찾기란 하늘의 별 따기다. 왜 그럴까?

"여성은 기술에 약하다고들 생각하지만 그렇지 않습니다."

커리어 전문가 자이델 씨는 이렇게 말한다.

"의료 기술 보조 분야에 얼마나 많은 여성이 일하고 있는지 아십니까? 그런데 왜 같은 분야의 높은 자리에는 여성이 없을까요? 평생 여자는 수학과 기술에 약하다는 말을 듣다 보니 감히 용기를 내지 못하는 겁니다."

학업 성취도를 보면 15세 남녀의 수학 성적은 거의 차이가 없다.[70]

"독일에 부족한 기술자가 10만 명을 육박한다고 합니다.[71] 놀랄 일이 아니죠. 여성 기술자를 양성하면 문제가 절로 해결될 겁니다."

장면 둘.

제약회사 본사 앞으로 검은 리무진이 들어온다. 10시에 이사회가 열릴 예정이다. 문이 열리고 정장 투피스를 입은 젊은 여성들이 차에서 내려 회의실로 걸어간다.

"필요하신 자료를 복사해서 각 자리에 비치해뒀습니다. 커피는 곧 준비됩니다."

여성들의 뒤를 따라가며 보고를 하는 사람은 점잖은 신사다. 그의 이름은 요제프 라이거, 이 제약회사의 이사장이지만 오늘은 비서 역할을 맡았다. 젊은 여성 한 명이 그에게 지시를 내린다. 하지만 말이 너무 빨라서 받아 적기가 힘들다.

"죄송하지만 다시 말씀해주시겠습니까?"

여러 번 캐묻고서야 겨우 지시 내용을 다 받아 적는다. 걸려온 전화를 연결해줄 때도 실수투성이다. 스트레스를 받았는지 그의 목에 빨간 반점이 얼룩덜룩하다. 그날 밤 그는 소감을 이렇게 털어놓는다.

"우리 비서가 일을 잘한다는 것은 알았습니다. 하지만 이렇게 스트레스가 심할 줄은 몰랐네요. 연봉을 조정할 필요가 있겠다 싶어요."

그의 연봉은 120만 유로다. 그 회사 여자 비서의 연봉은 2500유로다. 그의 연봉으로 480명의 여자 비서를 고용할 수 있다는 계산이 나온다. 여자 비서 카린 예거(26세)는 어제 하루 동안 이사로 일했다.

"경영에 어떤 능력이 필요한지는 진작 알고 있었습니다. 무엇보다 전체를 살펴서 중요한 것을 빨리 잡아내는 능력이 있어야 하죠. 경영진을 옆에서 모시다 보니 경험상 알게 되더라고요."

그런 경험을 살려 경영에 도전할 생각은 안 해봤을까? 하지만 지금 그녀에겐 두 가지 문제가 있다.

"근무시간이 너무 길어요. 그리고 숫자에 약해요. 경영학 공부를 한 적이 없거든요. 안 그래도 방송통신대학을 다녀야 하나 고민 중이었는데 오늘 하루가 큰 용기를 줬어요. 도전해보겠습니다."

이 프로젝트의 공동 기획자인 페트라 뮐러 씨는 그 이야기를 듣고 활짝 웃었다.

"우리가 바라던 것이 바로 그거예요. 남성들은 지금껏 자신들이 누린 특혜를 깨달았으면 좋겠고, 여성들은 용기를 내서 도전하면 불가능이 없다는 사실을 깨달았으면 좋겠습니다. 모든 계급이 그렇듯 직장의 남녀 계급 역시 철폐돼야 합니다."

장면 셋.

"선생님, 양말이 벗겨졌어요!"

꼬마 알렉산더가 부른다. 하지만 초등학교 병설 유치원 교사 파스칼 라이버는 달려갈 수가 없다. 다른 아이의 밥을 먹이는 중이기 때문이다. 그는 원래 이 초등학교의 교장이자 병설 유치원의 원장이다. 하지만 오늘은 유치원 교사로 일하는 중이다.

"선생님, 쌌어요!"

저쪽에서 다시 고함을 친다. 울고 소리 지르고 싸우고, 아이들은 한시도 가만히 있지 않는다. 이쪽에서 싸우는 아이들을 뜯어말리면 저쪽에서 다시 소동이 벌어진다. 그의 얼굴도 곧 울음을 터트릴 것처럼 일그러진다.

원래 이 유치원에는 여자 교사들이 근무한다. 하지만 오늘은 그 교사들이 교장실과 원장실로 가고, 파스칼 라이버를 비롯한 남성 관리자 몇 명이 아이들을 돌본다. 유치원 교사직이 할만하냐는 질문에 그는 울상이 되어 대답한다.

"팔이 여섯 개라도 모자라겠어요."

미용실 원장은 머리를 자르다 손님의 귀를 찌르고, 마트에서는 점장이 계산대 앞에서 쩔쩔 매는 동안 손님들 줄이 뱀처럼 길어진다. 노인들의 기저귀를 갈고 목욕을 시킨 요양원장은 환자 한 명에게 돌아가는 시간이 너무 적다고 푸념한다. 온 나라에서 벌어진 그런 장면들이 TV로 생중계돼 직장의 남녀 차별을 둘러싼 논쟁에 불을 붙였다.

"관리직과 기술직에 더 많은 여성이 필요합니다."

안스가르 자이델 씨는 말한다.

"이번 행사 때 이사진이 모조리 여자로 바뀌어서 놀랐다는 사람들이 많습니다. 그렇다면 애당초 남자들밖에 없었다는 사실에는 왜 안 놀랄까요?"

페트라 뮐러 씨도 말한다.

"사회의 인정이 무엇보다 중요합니다. 요양보호사 같은 직업이 대표적이죠. 기계를 살피는 기술자가 사람을 보살피는 요양보호사보다 세 배는 더 많은 돈을 법니다. 부당하지 않나요? 여성의 직업을 제대로 대접하지 않는 것도 문제지만, 사람을 먼저 생각하지 않는 우리 사회의 시각도 무척 부당합니다."

어젯밤 여러 정당이 남녀고용평등법을 손보겠다는 의견을 피력했다. 앞으로 모든 기업에게 남녀의 연봉 격차와 관리직의 성별을 밝힐 의무를 지우는 식으로 말이다. 소비자협회 대변인은 '투명성이 관건'이라고 말한다. 자료가 투명하게 공개되면 소비자들이 불매 운동을 통해 여성 차별 기업에 불이익을 줄 수 있을 것이다.

"구매 결정의 80퍼센트는 여성이 내립니다.[72] 여성이 구매하지 않는다면 많은 기업이 손을 들 수밖에 없을 겁니다."

역할 바꾸기 프로젝트는 페트라 뮐러 씨와 안스가르 자이델 씨가 〈슈타르케스의 토크쇼〉에 출연하면서 시작됐다. 두 사람은 전국의 남녀에게 하루 동안 상대방의 역할이 돼보자고 호소했다. 스튜디오에서 시작된 호응은 신문과 TV를 통해 퍼져나갔고, 정치인들의 열띤 지지를 받았다. 이 행사에는 페트라 뮐러 씨가 다니는 회사도 참가했다.

"사장님께서는 그날 하루 안내데스크에서 일했습니다. 안내데스크를 맡았던 산드라 클로제가 사장실로 올라갔고요."

리더들의
리더

뮐러 씨는 승승장구했다. 그사이 그는 잔더 주식회사의 부사장으로 취임했다(마침내 페터였던 시절보다 연봉이 올랐다). 카차는 역할 바꾸기 날을 독점 취재한 뒤 기획취재부장으로 승진했다. 덕분에 그녀의 신문사에선 여성 기자들이 양로원 행사 취재만 쫓아다니는 불상사가 사라졌다. 그녀는 성별에 관계없이 기자들의 관심과 능력에 따라 취재를 골고루 나눠 맡기고 있다.

노이어는 예상대로 뛰어난 역량을 발휘해 마케팅 부서를 책임지게 됐다. 그녀가 부장이 된 뒤 마케팅부는 모든 중요한 결정을 직원 전체의 투표로 결정한다. 이렇게 참여도를 높이자 직원들의 의욕도 불타올라서 마케팅부의 실적이 나날이 오르고 있다. 최근에는 두 명의 자녀를 키우는 여성을 채용하면서 탄력근무제를 도입했다. 그녀가 직원들을 신뢰하는 만큼 직원들 역시 뛰어난 성과로 보답하고 있다.

안스가르 자이델은 활동 범위를 헤드헌터로까지 넓혔다. 주로 관리직 여성의 채용을 주선하는데, 사업이 나날이 번창하고 있다.

이유식 병뚜껑도 제대로 못 따던 프리돌린은 이제 완벽한 아빠로 변신했다. 이유식까지 만들어 먹이는 열성을 보이자 마이케도 아빠라면 무조건 따른다. 물론 요즘도 포장지를 뜯을 때는 메스를 사용한다. 탈출에 성공한 뒤로 메스를 더욱 사랑하게 됐다. 또 예전에는 밀러 씨가 회사에서 있었던 일을 들려주면 금방 코를 골던 그였지만 요즘은 경청과 조언을 아끼지 않는다. 프리돌린의 아버지는 아들의 육아 열정에 살짝 불안을 느낀 듯, 105세 전에는 절대 물려주지 않겠다던 병원장 자리를 한 10년 앞당겨 물려줄까 고심 중이다.

얀은 어떻게 됐을까? 경찰이 다녀간 뒤 몇 달 동안 통 소식이 없었다. 그러다가 다시 밀러 씨를 찾아온 그는 정말 페터가 다른 여자를 만나 새 인생을 시작한 것 같다고 했다. 친구가 말 한마디 없이 자신을 버리고 떠나서 슬프고 화가 난다고, 밀러 씨도 자기처럼 페터한테 버림을 받은 처지이므로 앞으로 잘 지내보자고 했다.

얼마 전 밀러 씨는 얀과 함께 시내를 산책했다. 둘은 말없이 주차 위반 경고장을 뽑아서 다른 차의 앞 유리창에 꽂았다.

"넌 정말 페터하고 많이 닮았어."

얀이 말했다. 남의 과자를 훔쳐 먹고도 양심의 가책을 전혀 느끼지 않는 악동의 미소가 그의 얼굴에 떠올랐다. 어쩌면 그와 다시 친구가 될 수 있을지도 모른다. 이제는 남자와 여자로서 말이다.

남자를 남자의 무기로
무찌르는 법

남성이 여성에게 배울 것이 얼마나 많은지는 앞에서 충분히 살펴봤다. 특히 경영관리 부문에선 여성에게 배울 점이 참으로 많다. 그렇다면 거꾸로 여성은 남성에게 무엇을 배울 수 있을까? 구직, 행동, 연봉 협상, 인간관계, 육아, 커리어, 이렇게 여섯 가지 부문에서 그 답을 찾아보기로 한다.

남성이 주도권을 쥔 직업 세계에서 남성의 행동 방식을 배워 잘 활용하면 여성의 승진 확률은 50퍼센트나 더 올라간다. 스탠퍼드 대학교 경영대학원에서 발표한 연구 결과다.[73] 이 성공 규칙을 실천에 옮겨 커리어를 쌓는 여성이 많아질수록 직장의 시스템이 바뀔 확률도 높아질 것이다. 여성의 행동을 본받은 남성이 승승장구하는 세상, 그런 날이 온다면 확신해도 좋을 것이다. 노동의 새 시대가 시작됐음을!

1. 구직

남 입사지원서를 쓸 때 이렇게 자문한다. "내가 할 수 있는 게 뭐지?"

여 입사지원서를 쓸 때 이렇게 자문한다. "내가 못 하는 게 뭐지?"

팁 할 수 있는 것에 집중하라. 능력이 당락을 결정한다.

남 기업에서 바라는 기준의 60퍼센트만 충족되면 지원서를 쓴다. 자신의 능력을 풍선처럼 부풀린다.

여 기업에서 바라는 기준의 100퍼센트가 꽉 차야 겨우 지원서를 쓴다.[74] 자신의 능력을 겸손하게 소개한다.

팁 50퍼센트만 충족되면 무조건 지원하라. 자신의 능력을 당당하게 자랑하라.

남 인맥을 통해 빈자리를 수소문한다.

여 구인 공고를 보고 자리를 찾는다.

팁 채용의 절반은 인맥을 통해 이루어진다.[75] 인맥을 적극 활용하라.

남 추천서를 적극 이용한다. 추천인의 명성을 자기 것처럼 선전한다. 사실 추천서는 인맥 활용의 능력을 입증하는 증거다.

여 부탁하기 싫어서 추천서를 잘 내지 않는다. 그래서 추천할 능력도, 추천해줄 만한 인맥도 없다는 의심을 사기 쉽다.

팁 교수, 전 회사 상사 등의 추천서를 반드시 동봉하라. 특히 관리직

일 경우 추천이 매우 중요한 역할을 한다.

남 면접 때 자기소개를 여자들보다 1분 더 길게 한다.

여 남자들보다 1분 짧게 말한다.[76]

팁 강점을 자세히 설명하라. 말을 오래할수록 능력 있어 보인다.

남 가족 상황이나 자녀 계획에 대해 거리낌 없이 말한다.

여 그에 대한 이야기를 기피해 상대가 마음대로 해석하게 만든다.

팁 당신의 미래 계획은 육아가 아니라 일이라고 단호하게 말하라. 거 짓말이어도 좋다. 이 부분에선 살짝 거짓말을 해도 된다. 설사 임 신을 했더라도 상관없다.[77]

2. 행동

남 자리를 많이 차지한다. 서거나 앉을 때도 다리를 쩍 벌리고, 회의 실 탁자에 서류를 흩뿌려 공간을 확보한다.

여 다리를 딱 붙이고 양손을 맞잡고 허리를 곧추세우고 서류는 바로 자기 앞에 놓는다.

팁 자리를 더 많이 차지하라. 그래야 자신감이 있어 보인다.[78] 회의실 에서도 서류를 넓게 늘어놓아 영역 표시를 하라. 신체 언어를 적 극 활용하라.

남 말을 할 때는 그 자리에서 지위가 가장 높은 사람을 향한다.

여 모두에게 말을 한다.

팁 제일 높은 사람의 마음을 얻어라. 그럼 나머지는 절로 따라온다.

남 제안을 할 때는 축구 해설가가 해설을 하듯 큰소리로 열정을 다해 발표한다.

여 자신의 아이디어를 지극히 객관적으로 표현한다. 내용에만 집중한다. 목소리도 작고 높다.

팁 내용으로 전달되는 메시지는 10~20퍼센트밖에 안 된다. 나머지는 신체 언어와 어조의 몫이다.[79] 낮은음으로, 크게, 확신 있게 말해야 상대를 설득할 수 있다.

남 동료가 말을 하고 있어도 거침없이 끼어든다. 그렇게 함으로써 자신의 지위를 높인다.

여 다른 사람이 다 말할 때까지 기다리고, 동료가 자신의 말을 자르고 끼어들어도 가만히 있는다. 그 결과 지위가 낮아진다.

팁 절대 하던 말을 중단해서는 안 된다. 끼어들건 말건 계속 말하라. 상대가 끼어들거든 당신도 끼어들어라.

남 중요한 결정을 내리기 전에 연합군을 모집한다.

여 논리만 정확하면 의견이 통할 것이라고 믿고 홀로 투쟁한다.

팁 미리 동지들을 모아라. 그래야만 당신의 의견이 통과될 가능성이 높아진다.

남 상대방의 몸에 손을 잘 댄다. 상대방의 책상에도 잘 걸터앉는다. 그래서 자신의 지위를 높인다.

여 함부로 사람의 몸에 손을 대지 않고, 누가 자신을 만지거나 자기 영역을 침범해도 가만히 내버려둔다. 그래서 지위가 떨어진다.

팁 당신에게 손을 대거든 당신도 똑같이 손을 대라. 당신의 영역을 절대 내주지 마라.

3. 연봉 협상

남 기회 있을 때마다 먼저 연봉 협상을 시도한다.

여 상사가 먼저 이야기를 꺼낼 때까지 기다린다. '내가 열심히 하면 알아주겠지!' 그런 마음가짐이다.

팁 열심히 성과를 쌓는다면 18~24개월에 한 번씩은 연봉 협상을 시도해야 한다.

남 인맥을 통해 계속 연봉을 조사하기 때문에 자신의 시장 가치를 잘 안다.

여 연봉이라면 철통같이 비밀을 지키기 때문에 자신이 어느 정도 요구해야 할지 확신이 없다.

팁 연봉 이야기를 자주 나눠라. 회사 밖 사람들, 특히 남성들과 자주 연봉을 저울질해봐야 한다. 그래야 자신의 시장 가치를 정확히 파악할 수 있다.

남 성공은 항상 내가 거둔 것이다.

여 성공은 우리가 함께 거둔 것이다.

팁 성공은 반드시 기록으로 남겨라. 우리가 아니라 내가 거둔 것이다.

남 다른 사람이 얼마나 받건 상관없이 자신의 이익을 위해 싸운다.

여 적게 받는 동료들의 연봉을 언급하면 금방 수긍하고 요구를 철회한다.

팁 당신의 연봉이 적다고 해서 적게 받는 다른 동료에게 이익이 돌아가지 않는다. 당신이 먼저 연봉을 올려야 다른 여성들의 연봉도 올라간다.

남 뻔뻔하다 싶을 정도로 높은 연봉을 요구한다. 그리고 놀랍게도 많이 받아낸다.

여 딱 원하는 만큼만 요구한다. 그래서 요구보다 적게 받는다.

팁 협상은 논리가 아닌 심리전이다. 높게 불러라. 높게 부를수록 많이 받는다.

남 상사의 "안 돼."를 협상의 시작으로 생각한다.

여 상사의 "안 돼."를 협상의 끝이라고 생각한다.

팁 상사의 "안 돼."는 자동 응답 같은 것이다. 당당한 논리로 진짜 대답을 끌어내야 한다.

4. 인간관계

남 통계나 자료 정리처럼 시간은 많이 잡아먹으면서 티 안 나는 일은 될 수 있는 대로 피한다.

여 업무를 분담할 때 아무도 하지 않겠다고 하면 희생정신을 발휘해 떠맡는다.

팁 잡무는 피하라. 업무 능력을 입증할 수 있는 일에 집중하라.

남 아첨과 칭찬을 활용해 여성 동료에게 일을 떠맡긴다.

여 자신에게 이익이 되지 않아도 남의 일을, 특히 남성 동료의 일을 대신해준다.

팁 당신을 도와주는 사람에게만 도움을 베풀어라. 여성의 멀티태스킹 능력을 운운하며 업무를 떠넘기는 남성 동료의 아첨에 속지 마라. 남성이 여성보다 멀티태스킹 능력이 뛰어나다는 연구 결과도 있다.[80]

남 커피를 타거나 행사 준비를 할 때면 아무것도 못 하는 바보 연기를 한다.

여 남자들이 기피하는 일을 떠맡는다.

팁 남자들이 일을 못하면 못한다고 지적하고 방법을 가르쳐줄 수는 있다. 하지만 절대 그 일을 대신해줘서는 안 된다.

남 알아서 커피를 타거나 생일 선물을 준비하겠다는 생각을 하지 못한다.

여 자발적으로 커피를 타고 생일 선물을 산다.

팁 지위를 떨어뜨리는 일을 하지 마라. 커피를 잘 타서, 맛있는 케이크를 사와서 칭찬을 받고 싶은가? 당신은 바리스타가 아니다. 업무로 칭찬을 받아라.

남 승자의 미소로 자신감을 뿜어낸다.

여 당황했을 때 미소를 짓는다. 남을 비판할 때, 부당한 업무 분담에 항의할 때 어울리지 않게 웃는다.

팁 불안한 웃음은 복종의 몸짓이다. 그런 식의 표현 방식은 절대 금지다. 비판을 하면서, 항의를 하면서 웃는 표정을 지으면 상대방은 당신의 말을 칭찬으로 해석한다.

남 상사와 친분을 쌓아 막역한 관계를 유지한다. 퇴근 뒤 술자리에 빠지지 않고 참석한다.

여 특히 상사가 남성인 경우 적절한 거리를 유지하려 노력한다. 퇴근하고 만나는 술자리에는 되도록 참석하지 않는다.

팁 같은 직급의 남성 동료들처럼 막역한 사이의 인맥을 많이 만들어야 한다. 퇴근 뒤 술자리에도 될 수 있는 대로 참석하라. 그래야 인맥이 넓어져서 권력의 기반을 다질 수 있다.

5. 육아

남 자녀가 있다는 게 긍정적인 역할을 한다. 가족을 부양하는 가장의 이미지를 강조하면 더욱 열심히 일한다는 인상을 줄 수 있다.

여 자녀가 불리한 역할을 한다. 일에 쏟아야 할 에너지를 자녀에게 빼앗긴다는 인상을 준다.

팁 구직을 할 때는 한 가정의 경영자로서 많은 것을 배웠다는 점을 강조하라.

남 아이들 이야기를 할 때 관객의 입장에서 바라보듯 거리를 둔다. 자녀가 있어 만족한다는 인상을 풍긴다.

여 아이들의 뒤치다꺼리를 하는 가사도우미 입장에서 이야기한다. 자녀를 부담스러워한다는 인상을 풍긴다.

팁 엄마의 일상과 직장에서의 역할을 구분하라. 꼭 필요한 경우가 아니면 아이들 이야기를 꺼내지 마라. 특히 남성 동료 앞에서는 될 수 있는 대로 하지 마라.

남 기껏해야 일주일에 한 번 아이를 어린이집에서 데려오면서 최고
의 아빠인 양 자랑한다.

여 일찍 퇴근할 때, 개인적으로 통화를 할 때, 병가를 낼 때 아이들을
핑계 삼는다. 본업이 엄마인 것 같은 인상을 풍긴다.

팁 최대한 아이들 이야기를 입에 올리지 않는다. 휴가를 내거나 병가
를 낼 때 절대 아이들을 핑계 삼아서는 안 된다.

남 밤에 아이가 울어도 내 일이 아니라고 생각한다.

여 아이가 울면 바로 일어나 달려간다. 내일 회사 일정이 어떻게 되건
아이가 우선이다.

팁 남편과 공평하게 역할을 나눠라. 그래야 남편도 당신의 본업이 엄
마가 아니라는 사실을 인식할 수 있다.

남 육아란 아이랑 축구를 하고 동물원에 가고 레슬링을 하는 것이다.

여 육아란 아이를 졸졸 따라다니며 돌보고 같이 공부를 하고 병원에
데려가고 어린이집 부모 행사에 참가하는 것이다.

팁 아이는 일을 더욱 잘할 수 있게 힘을 주는 에너지원이다. 아이의
뒤치다꺼리만 하지 말고 아이와 함께 즐거운 시간을 보내라. 남편
을 적극적으로 끌어들여 집안일을 나눠라.

남 아내가 24시간 아이를 돌봐야 한다고 생각한다.

여 전일제 직장인이어도 은연중에 남편과 똑같이 생각한다. 그렇지 않으면 왠지 나쁜 엄마가 된 것 같은 죄책감을 느낀다.

팁 육아를 도와줄 사람을 적극 고용하고 활용하라. 직장에서 성공하는 엄마가 아이들에게도 더 도움이 된다.

6. 커리어

남 네 명 중 한 명은 이사가 되기를 원한다.

여 최고 자리를 노리는 여성은 열네 명 중 한 명에 불과하다.[81]

팁 야망을 가져라. 엘리베이터는 버튼을 눌러야 올라간다.

남 회사 바깥 활동에 적극적이다. 외부에서도 인맥을 적극적으로 쌓기 때문에 헤드헌터의 눈에 띌 확률이 높다.

여 지금 다니는 회사에서 승진하는 데에만 전력을 다한다. 그래서 외부에서 스카우트 제안을 받는 일이 거의 없다.

팁 회사 바깥으로도 눈길을 돌려라. 이직을 원치 않는다고 해도 밖에서 노리는 곳이 많으면 협상에서 절대적으로 유리하다.

남 관리직 자리가 나면 공고가 나지 않아도 인맥을 통해 먼저 안다.

여 인맥이 없어서 공고가 나지 않으면 빈자리가 있는지 모른다. 공고가 나더라도 이미 내정된 자리일 확률이 높다.

팁 자리가 비면 곧바로 알려줄 인맥을 만들어라. 지금 다니는 회사 관리자들의 연령과 야망을 살펴서 혹시 생길 수 있는 빈자리를 파악하고 그에 맞게 준비하라.

남 야망이 크다고 동네방네 소문을 낸다. 승진에 도움이 되는 후원자를 적극적으로 찾는다.

여 일만 잘하면 승진은 저절로 될 것이라고 생각한다.

팁 멘토를 찾아라. 승진에 대한 야망을 적극적으로 알려라. 비굴하게 부탁하지 말고 당당하게 요구하라.

남 직급이 낮아도 동료에게 업무를 떠넘기고 명령을 내리고 지휘를 한다.

여 잡무까지 스스로 처리한다. 같은 직급의 동료에게 지시를 하는 것은 너무 건방지다고 생각한다.

팁 잡무는 부하 직원에게 넘기고 기회 있을 때마다 리더십을 발휘하라. 프로젝트건 뭐건 일단 성공하면 반드시 기록해두고 승진의 발판으로 삼아야 한다.

남 물 만난 물고기처럼 권력을 반긴다. 권력은 당연하고 자연스러운 것이라고 생각한다.

여 권력을 부담스러워한다. 혹시 권력으로 남에게 피해를 입힐까 걱정한다.

팁 부담 없이 권력을 활용하라. 권력을 이용해 긍정적 변화를 일궈낼 수 있다.

참고 자료

1. Institut für Mittelstandsforschung, Auf dem Weg in die Chefetage. Betriebliche Entscheidungsprozesse bei der Besetzung von Führungspositionen, 2007

2. Sandberg, Sheryl, *Lean in.* Econ, 2013

3. Süddeutsche Zeitung, 05.03.2014

4. WSI Gender Daten (1991–2011), Teilzeitarbeit gewinnt trotz unterschiedlichem Niveau für Frauen und Männer an Bedeutung

5. Spiegel-Online, Schöne Frau, schick besser kein Foto, 10.04.2012

6. stern.de, Anonymisierte Bewerbungen: Weniger ist fair, 12.04.2012

7. Wiseman, Richard, *Wie Sie in 60 Sekunden Ihr Leben verändern.* Fischer, 2013

8. focus. de, Wenn Frauen auf Statussymbole pfeifen, 30.03.2011

9. Pease, Allan & Barbara, *Warum Männer nicht zuhören und Frauen schlecht einparken.* Ullstein, 2012

10. Goffman, Erving, *Wir alle spielen Theater.* Piper, 2003

11. bmfsfj.de, Gender-Datenreport–Verhalten im Straßenverkehr, 2005

12. Bierach, Barbara, *Das dämliche Geschlecht.* Wiley, 2011

13. n24.de, Druck auf ADAC-Führung nimmt zu, 11.02.2014

14. sueddeutsche. de, Hochzeiten ohne Liebe, 04.04.2007

15. Bierach, 앞의 책

16. Süddeutsche Zeitung, 25.03.2008

17. Schneider, Barbara, *Fleißige Frauen arbeiten, schlaue steigen auf.* Goldmann, 2011

18. Sandberg, 앞의 책

19. bpb.de, Wie weiter - offene Fragen und neue Positionen, 08.09.2008

20. Süddeutsche Zeitung, 01./02.02.2014

21. Sandberg, 앞의 책

22. Modler, Peter, *Das Arroganz-Prinzip.* Fischer, 2013

23. American Journal of Economics and Sociology, 10/2006

24. Kahneman, Daniel, *Schnelles Denken, langsames Denken.* Siedler, 2011

25. Tannen, Deborah, *Job-Talk.* Kabel, 1995

26. Wehrle, Martin, *Bin ich hier der Depp?,* Mosaik, 2013

27. Harris, Thomas A., *Ich bin o.k., Du bist o.k.* Rowohlt, 1975

28. Tannen, 앞의 책

29. Spiegel-Online, Mal wieder »zufällig« am Po berührt, 24.01.2013

30. zeit.de, Wir können auch Chefredakteurin, 21.02.2013

31. 위의 글

32. Wehrle, M., *Geheime Tricks für mehr Gehalt*. Goldmann, 2013

33. Fisher, Roger; Ury, William; Patton, Bruce, *Das Harvard-Konzept*. Campus, 2000

34. Pease, 앞의 책

35. Spiegel-Online, Chefinnen verdienen 30 Prozent weniger, 04.10.2012

36. Bischoff, Sonja, *Wer führt in (die) Zukunft*. DGFP, 2010

37. Sichtermann, Barbara, *Kurze Geschichte der Frauenemanzipation*. Jacoby & Stuart, 2009

38. Bierach, 앞의 책

39. Spiegel-Online, Chefs mit Töchtern bezahlen Frauen besser, 23.02.2012

40. Heuser, Uwe Jean; Steinborn, Deborah, Anders denken! Hanser, 2013

41. Covey, Stephen R., *Die sieben Wege zur Effektivität*. Gabal, 2010

42. Bascha Mika, *Die Feigheit der Frauen*. Goldmann, 2012

43. zeit.de, Haushalt bleibt Frauensache, 10.03.2014

44. Heuser/Steinborn, 앞의 책

45. Wehrle, Martin, *Karriereberatung*. Beltz, 2011

46. Heiß, Marianne, *Yes she can*. Redline, 2011

47. Bischoff, 앞의 책

48. Kurthy von, Ildiko, *Unter dem Herzen*. Wunderlich, 2012

49. Hochschild, Arlie Russell, *Der 48-Stunden-Tag*. Zsolnay, 1990

50. sueddeutsche. de, Karriere ist Männersache, 17.05.2010

51. Spiegel-Online, Karrierekiller Kind, 01.07.2010

52. Süddeutsche Zeitung, 24.03.2014

53. Schneider, Barbara, *Weibliche Führungskräfte. die Ausnahme im Management*. Peter Lang, 2007

54. Süddeutsche Zeitung, 12.03.2014

55. Lohmann, Detlef, *... und mittags geh ich heim*. Linde, 2012

56. Bierach, 앞의 책

57. n-tv.de, Frauen immer im Nachteil, 17.12.2012

58. Shipman, Claire; Kay, Katty, *womenomics*. Eichborn, 2010

59. Bauer, Joachim, *Arbeit*. Blessing, 2013

60. Friedan, 앞의 책

61. Johannes Paul II., *Laborem Exercens*. Enzyklika, 1981

62. Accenture, Frauen und Macht: Anspruch oder Widerspruch?, 2002

63. rp-online, Deutsche glauben nicht an sozialen Aufstieg, 26.11.2012

64. statistikportal. de, Kindertagesbetreuung regional, 2013

65. Shipman/Kay, 앞의 책

66. Schneider, 앞의 책

67. The McKinsey Quarterly, A Business Case for Women, 09/2008

68. Spiegel-Online, Maulhelden haben Vorfahrt, 07.06.2001

69. Peter, Laurence J.; Hull, Raymond, *Das Peter-Prinzip*. Rowohlt, 2001

70. Watanabe, Ryo; Ischinger, Barbara. *Equally prepared for life? How 15-year-old boys and girls perform in school.* OECD, 2009

71. Zentrum für Europäische Wirtschaftsforschung, Jugendkult bei Ingenieuren. 3/2004

72. Heuser/Steinborn, 앞의 책

73. Nitzsche, Isabel, *Spielregeln im Job durchschauen.* Kosel, 2011

74. The McKinsey Quarterly, 앞의 글

75. Wehrle, Martin, *Ich arbeite in einem Irrenhaus.* Econ, 2011

76. Spiegel-Online, 앞의 글

77. sueddeutsche. de, Wann man im Vorstellungsgespräch lügen darf, 22.11.2011

78. Navarro, Joe, *Menschen lesen.* mvg Verlag, 2010

79. Molcho, Samy, *Körpersprache.* Goldmann, 2013

80. rp-online. de, Männer besser im Multitasking als Frauen, 25.10.2012

81. focus. de, Neue Studie: Frauen häufig zu nett fur eine Karriere, 08.03.2013

뮐러 씨, 임신했어?

초판 1쇄 발행   2018년 8월 24일

지은이   마르틴 베를레
옮긴이   장혜경

펴낸이 • 박선경
기획/편집 • 김시형, 권혜원, 김지희, 박윤아, 한상일, 남궁은
마케팅 • 박언경
표지 디자인 • 김경년
본문 디자인 • 디자인원
제작 • 디자인원(031-941-0991)

펴낸곳 • 도서출판 갈매나무
출판등록 • 2006년 7월 27일 제395-2006-000092호
주소 • 경기도 고양시 덕양구 은빛로 43 은하수빌딩 601호
전화 • 031)967-5596
팩스 • 031)967-5597
블로그 • blog.naver.com/kevinmanse
이메일 • kevinmanse@naver.com
페이스북 • www.facebook.com/galmaenamu

ISBN 978-89-93635-00-3 / 03330
값 14,800원

「이 도서의 국립중앙도서관 출판예정도서목록(CIP)은 서지정보유통지원시스템 홈페이지(http://seoji.nl.go.kr)와 국가자료공동목록시스템(http://www.nl.go.kr/kolisnet)에서 이용하실 수 있습니다.(CIP제어번호: CIP2018022961)」